浙江省哲学社会科学一般项目（20NDJC188YB）资助

A Study on the Deviation of
Campus Football Policy Implementation
and Its Governance Mechanism

校园足球政策执行偏差
及其治理机制研究

卢伟 俞大伟 李慎广 —————— 著

ZHEJIANG UNIVERSITY PRESS
浙江大学出版社
·杭州·

图书在版编目（CIP）数据

校园足球政策执行偏差及其治理机制研究 / 卢伟，俞大伟，李慎广著. -- 杭州：浙江大学出版社，2024. 10. -- ISBN 978-7-308-25472-4

Ⅰ. G843.2

中国国家版本馆 CIP 数据核字第 2024L9G675 号

校园足球政策执行偏差及其治理机制研究

卢　伟　俞大伟　李慎广　著

策划编辑	吴伟伟
责任编辑	马一萍
责任校对	陈逸行
封面设计	雷建军
出版发行	浙江大学出版社
	（杭州天目山路 148 号　邮政编码 310007）
	（网址：http://www.zjupress.com）
排　　版	浙江大千时代文化传媒有限公司
印　　刷	杭州高腾印务有限公司
开　　本	710mm×1000mm　1/16
印　　张	11.5
字　　数	181 千
版 印 次	2024 年 10 月第 1 版　2024 年 10 月第 1 次印刷
书　　号	ISBN 978-7-308-25472-4
定　　价	68.00 元

目　录

第一章　导　论 ……………………………………………………… 1

　　第一节　研究背景与目的 ………………………………………… 1

　　第二节　相关理论 ………………………………………………… 5

　　第三节　相关研究述评 …………………………………………… 22

　　第四节　研究概念、研究思路与研究方法 ……………………… 50

第二章　校园足球的政策演进历程与价值意义 ………………… 55

　　第一节　校园足球的政策演进历程 ……………………………… 55

　　第二节　校园足球的价值与意义 ………………………………… 64

第三章　校园足球政策执行场域的制度逻辑 …………………… 71

　　第一节　校园足球政策执行场域的国家逻辑 …………………… 71

　　第二节　校园足球政策执行场域的科层逻辑 …………………… 74

　　第三节　校园足球政策执行场域的社会逻辑 …………………… 79

　　第四节　多元制度逻辑的冲突与竞争 …………………………… 85

第四章　校园足球政策执行主体的价值取向与利益诉求 ……… 91

　　第一节　校园足球政策执行主体的利益诉求 …………………… 91

　　第二节　校园足球政策执行主体的政策价值认同 ……………… 100

第五章 校园足球政策执行主体的行动策略与执行偏差现象········· 107

　　第一节 制度—利益—价值视角下政策执行主体的行为逻辑 ······

　　·· 107

　　第二节 校园足球政策执行偏差现象 ··························· 115

第六章 校园足球政策执行偏差的治理机制··················· 128

　　第一节 提升校园足球政策制定的科学性 ···················· 128

　　第二节 提升校园足球政策执行的有效性 ···················· 132

第七章 主要结论与研究展望····························· 139

　　第一节 研究结论 ·· 139

　　第二节 研究展望 ·· 140

参考文献·· 142

附　录··· 153

第一章 导 论

第一节 研究背景与目的

一、研究背景

近年来,校园足球相关政策不断出台。2009 年,国家体育总局和教育部共同发布了《关于开展全国青少年校园足球活动的通知》,旨在通过校园足球活动实现"强身健体、阳光体育、素质教育、文化建设、足球知识和技能普及、足球人才培养",这标志着"校园足球计划"正式启动。2015 年 1 月 12 日,教育部发布了《教育部关于成立全国青少年校园足球工作领导小组的通知》,并牵头成立了全国青少年校园足球工作领导小组作为全国青少年校园足球工作协调、议事和决策机构。2015 年 3 月 16 日,我国足球发展纲领性文件《中国足球改革发展总体方案》正式发布。该方案提出了我国足球长期发展规划方案,明确了校园足球的发展任务、目标:"发挥足球育人功能,推进校园足球普及,促进文化学习与足球技能共同发展,促进青少年足球人才规模化成长。"[①]至此,校园足球发展已经上升至国家战略层面。2015 年 7 月 22 日,教育部等 6 部委联合印发《关于加快发展青少年校园足球的实施意见》,提出把发展青少年校园足球作为落实立德树人的根本任务、培育和践行社会主义核心价值观的重要举措,作

---

① 国务院办公厅.中国足球改革发展总体方案[Z].国办发〔2015〕11 号,2015-03-08.

为推进素质教育、引领学校体育改革创新的重要突破口,并提出至 2025 年完成建设 5 万所左右青少年校园足球特色学校的目标。[①] 2016 年 4 月国家发展改革委、中国足协、国家体育总局、教育部联合发布了《关于印发中国足球中长期发展规划(2016—2050)的通知》[②],其中校园足球的近期发展目标为:"全国特色足球学校达到 2 万所,中小学生经常参加足球运动人数超过 3000 万人。"

在相关政策的激励下,校园足球工作取得了一定的成效。《对十三届全国人大四次会议第 1552 号建议的答复》显示:自 2014 年底校园足球工作由教育部牵头推进以来,校园足球作为推动学校体育改革发展的"探路工程",着力构建了"特色学校+高水平足球运动队+试点县(区)+改革试验区+'满天星'训练营"推广普及和提质增效的推进格局;截至 2021 年 9 月,已在全国 38 万所中小学中遴选认定校园足球特色学校 30559 所,达到了《中国足球改革发展总体方案》确定的目标,此外,还设立校园足球改革试验区 38 个,遴选校园足球试点县(区)201 个,布局建设"满天星"训练营 110 个,并且不断完善足球师资培养培训体系,开展了校园足球骨干师资国家级培训、特色学校校长和体育教师培训,共举办 298 期 D级教练员培训班,培训足球教师 9000 多名,国家和地方累计培训足球教师、教练、特色学校校长等达 35 万人;教育部联合国家发展改革委等部门开展《中国足球中长期发展规划(2016—2050 年)》《全国足球场地建设规划(2016—2020 年)》落实情况专项督查,推动各地加快校园足球场地设施建设。截至 2020 年底,全国教育系统已超额完成《全国足球场地设施建设规划》任务。在人才培养绩效方面,从 2018 年起夏令营省级和全国最佳阵容全面与等级运动员挂钩:共有 1056 名初、高中学生获得国家一级运动员称号;13213 名初、高中学生获得国家二级运动员称号;6312 名小学省级最佳阵容运动员获得国家三级运动员称号。通过夏令营获得运动员等级证书的学生中,有千余人考入大学,进入高校高水平足球运动

---

① 中华人民共和国教育部等 6 部门.关于加快发展青少年校园足球的实施意见[Z].教体艺〔2015〕6 号,2015-07-22.

② 国家发展改革委等 4 部门.关于印发中国足球中长期发展规划(2016—2050 年)的通知[Z].发改社会〔2016〕780 号,2016-04-06.

队,370 多人进入国内外职业俱乐部深造,初步搭建了人才成长的立交桥。《人民日报》报道:教育部主要通过校园足球特色学校、竞赛体系、满天星训练营、荣誉激励体系四项创新措施,推动校园足球改革发展,截至2022 年,中国有 3 万多所校园足球特色学校和 5500 万学生参加校园足球,有效扩大了足球人口规模和中国足球发展的基础。[①] 可以看出,校园足球在许多方面都取得了一定的进展。

校园足球事业在取得一定成绩的同时也存在着不少有待解决的问题。虽然《中国足球改革发展总体方案》对校园足球发展的基本原则、主要目标、功能以及发展路径作出了较为清晰的规定,但是校园足球政策在执行过程中却存在着较为严重的形式主义、发展目标错位、变通执行、选择性执行等问题,其主要表现在教育价值缺失、管理运行分化、内容形式化、教师教练化等方面。一些学校在校园足球的发展过程中出现了以比赛为核心、以训练为手段、以培养竞技人才为目标的倾向,忽视了教育的重要性。此外,一些学校在日常教学活动中存在普遍的"重形式、不重内容"的现象,这使得校园足球变成了一种形式主义活动。从校园足球培训体系来看,尽管大部分校园足球特色学校基本满足了培训的要求,但由于政策执行机构的权威性不足,政策的贯彻并不到位,很多政策内容没有真正落实。从实际效果来看,竞赛体系并没有完全达到政策预期的目标,校园足球的四级联赛有名无实,小学和初中的联赛建设较为完善,但高中和大学的联赛还没有形成有效的体系,各级部门对"数字"十分感兴趣,甚至利用虚假的统计数据来衡量政策执行的绩效,营造出一个个看似繁荣的虚假景象。

政策的生命力关键在于政策的执行力,也就是政策实施所取得的结果与政策目标之间的关系以及是否符合政策目标的内在品质。只有政策能够被有效地执行并产生预期的成果,才能体现其真正的生命力。政策执行力如果得不到保障,校园足球的预期目标将难以实现。因此,校园足球政策执行偏差及其治理成为校园足球发展需要解决的一个重要课题,

---

① 华奥星空. 人民日报:中国有 5500 万学生踢足球,3 万所足球特色学校[EB/OL].(2022-08-18)[2024-03-05]. https://www.sports.cn/hykx/2022/0818/413860.html.

它直接影响着学校体育改革的推进和《中国足球改革发展总体方案》的落实。

基于以上所述,本书提出这一研究命题:在较为严密的政策执行体系中,校园足球政策执行为何会产生偏差,以及如何治理和减少这种偏差现象。

这一研究命题由以下几个子问题构成:

(1)在校园足球政策执行场域中存在着哪些制度逻辑?这些制度逻辑有何特征?

(2)校园足球政策执行者具有怎样的价值取向与利益偏好?

(3)在制度逻辑作用下,政策执行者基于自身利益诉求与价值认同情况会采取哪些政策执行策略?以及在这些策略取向下,校园足球政策执行偏差现象为何会产生?

二、研究目的

校园足球政策执行偏差是各级相关部门和学校等政策执行主体行为选择的自然结果,因此要想真正地理解政策执行偏差产生的机理,就需要先厘清政策执行主体行为选择的背后逻辑。本研究的目的在于构建一个关于校园足球政策执行主体行为选择的分析框架。我们基于制度逻辑视角结合政策执行者的利益偏好与价值取向,探讨校园足球政策执行主体的行为选择及政策执行偏差成因,有助于人们进一步认识校园足球政策执行偏差产生的机理。从理论上,我们期望这一分析框架不仅可以有效地解释政策执行主体的行为选择,而且可以为进一步的研究提供一个可供借鉴的思路。从实践上看,我们期望这一分析框架能够在把握我国校园足球政策执行偏差产生机理及根源的基础上,提出我国校园足球政策执行的优化路径,为校园足球政策的制定及执行提供可供借鉴的方案,进而有利于政策的顺利推进。

第二节 相关理论

一、制度逻辑理论

(一)制度逻辑的内涵

制度逻辑理论是一种社会科学理论,主要用于解释社会系统中行动者的行为和活动。该理论特别关注行动者在特定社会结构中的自主性程度,以及个体和组织在制度逻辑的影响下如何创造和改变这种逻辑。制度逻辑理论是一种强大的分析工具,适用于各种社会情境,并已逐渐成为社会学和组织理论的核心视角。[①] 制度逻辑理论框架的活力和发展潜力日益显现。尤其是近年来,基于制度逻辑的研究兴趣不断增长,并开始跨学科地应用于政治学、社会学、经济学和公共管理学等多个领域,许多学者在不同层次上进行持续的研究,包括场域层面、组织层面和个人层面等。[②] 已有研究在概念内涵上逐步形成了共识,即制度逻辑作为指导行为者的基本规范,这种逻辑涉及在组织环境中占主导地位的信念系统和相关的实践活动。[③]

制度逻辑的起源可以追溯到新制度主义理论,但是它又与新制度主义理论截然不同,为制度分析开辟了全新的篇章。[④] 与新制度主义理论中的"两阶段过程"模式[⑤]相比,制度逻辑可以更加准确地描绘现代西方

---

① 陈阳.制度逻辑视角下新兴技术创业企业合法性获取策略及其形成机制研究[D].成都:电子科技大学,2022.

② 涂智苹,宋铁波.制度理论在经济组织管理研究中的应用综述——基于 Web of Science (1996—2015)的文献计量[J].经济管理,2016(10):184-199.

③ 杜运周,尤树洋.制度逻辑与制度多元性研究前沿探析与未来研究展望[J].外国经济与管理,2013(12):2-10.

④ 马正立,赵玉胜.制度逻辑理论建构:基本原则与整体模型[J].重庆社会科学,2022(5):114-128.

⑤ Michael L. A Tale of Two Cities: Competing Logics and Practice Variation in the Professionalizing of Mutual Funds[J]. Academy of Management Journal,2007,50(2):289-307.

社会制度中存在的固有矛盾、信仰对个人偏好和组织利益的影响和塑造。[①] 1988 年,Jackall 从他对公司伦理冲突的民族志分析出发,将制度逻辑形容为一种特定社会世界的运作方式。基于此,我们能够更加深入地探寻制度在特定社会中的作用方式,以及其如何塑造人们的行为和决策。[②] Friedland 和 Alford 在 1991 年进一步提出了制度逻辑概念,这一理论为组织在面临制度压力时采取不同战略反应提供了更有效的解释。Friedland 和 Alford 使用制度逻辑理论视角来解析个人、组织和社会这三个分析层次之间的关系,同时指出现代西方社会中每种制度秩序(如市场、国家、政治、家庭和宗教)都具有自身的核心逻辑。[③] 这些制度逻辑出现在特定的时空背景中,具备着独特的历史性特征,为个人和组织提供了至关重要的行动基础(诸如类别、信念和动机等),它同时也为行动方式和结果施加了一定的限制。根据 Friedland 和 Alford 的观点,在社会的各个层面上,存在着相互依赖又相互矛盾的制度逻辑。个体和组织可以自行选择他们各自偏好的制度逻辑,以操纵和重新解释象征系统,从而实现不同制度的对抗。Thornton 及其团队采用了 Alford 和 Jackall 的理论概念,将制度逻辑定义为"社会建构的历史模式,涉及物质实践、假设、价值观、信仰和规则,个人通过这些模式对物质生活进行生产和再生产,并对时间、空间以及社会现实赋予意义"[④]。在受到制度压力时,组织往往会根据制度逻辑来决策和行动,以求达到最大的个人或组织利益。这种贯穿于制度中的逻辑框架可以帮助我们更好地理解和分析组织的行为和决策过程。通过深入研究制度逻辑,我们可以更好地把握组织与制度之间的相互作用。

制度逻辑理论提供了连接宏观制度环境和微观行动者的桥梁,为我

---

① 弗利南德,阿尔弗德. 把社会因素重新纳入研究之中:符号、实践与制度矛盾[G]//沃尔特·W. 鲍威尔,保罗·J. 迪马吉奥,姚伟译. 上海:上海人民出版社,2008:252.

② Jackall R. Moral Mazes: The World of Corporate Managers[J]. International Journal of Politics Culture & Society, 1988, 1(4):598-614.

③ Friedland R, Alford R R. Bringing Society Back In: Symbols, Practices, and Institutional Contradictions[J]. University of Chicago, 1991:232-263.

④ Thornton,Patricia, H, et al. Institutional Logics and the Historical Contingency of Power in Organizations: Executive Succession in the Higher Education Publishing Industry, 1958-1990[J]. American Journal of Sociology, 1999,105(3):801-843.

们理解社会现象提供了重要的视角。首先,制度逻辑强调行动者在特定社会结构中的行为理性和相关利益是在宏观制度环境的影响下不断变化的,这种变化同时体现出个人能动性和社会结构的双重性。换句话说,行动者的行为选择和利益取向是在社会结构和社会制度的约束和影响下不断调整和塑造的,同时行动者的行为和利益取向也会对社会结构及制度的形成和变迁产生影响。其次,制度逻辑的研究主要侧重于历史路径,认为制度的作用是在特定社会情境中展现的,而非无时空限制的。制度逻辑关注的是社会规则和社会结构之间的复杂关系,以及这些规则和结构是如何通过历史积淀和现实情境来影响行动者的行为和决策。因此,制度逻辑的研究可以帮助我们理解特定社会现象的形成和发展轨迹,以及如何通过改变制度逻辑来影响和改变这些现象。最后,制度逻辑作为宏观制度环境和微观行动者的"桥梁",为我们提供了一种具体的解释和分析路径。通过制度逻辑的研究,我们可以观察到行动者在特定社会结构中的行为和决策过程,同时也可以深入探讨这些行为和决策是如何反过来影响社会结构及制度的形成和变迁的。因此,制度逻辑理论为我们理解和解释社会现象提供了一个综合性的分析框架,有助于我们更好地理解和掌握社会现象的本质和规律。

制度逻辑具有多个层面和特性,首先,不同的地理区域、历史背景和文化环境会孕育出独特的制度逻辑,制度逻辑会因地理、历史和文化环境的差异而呈现出多样性。其次,组织内部具有多元逻辑。许多组织内部本身就蕴含着多种逻辑,这些逻辑可能在组织的不同层面和情境中发挥作用。例如,大型企业可能存在多个不同的业务部门,每个部门可能遵循着不同的制度逻辑。再次,组织内部的权力斗争、利益诉求和观念差异等也可能导致制度逻辑的多元化。最后,时间与环境的变迁。制度逻辑不是一成不变的,它会随着时间和环境的变迁而发生变革。新的技术和市场机会、社会需求和政治压力等外部因素可能推动制度逻辑的调整和改变。此外,组织内部的成长和发展、领导层的更替和战略调整等内部因素也可能导致制度逻辑的变化。

在过去的 20 多年中,诸多学者对制度逻辑视角进行了深入的理论与实证研究,这使得该视角逐渐成为社会学和组织理论中不可或缺的重要理论。现在制度逻辑视角为各个领域的学者提供了一个相对较为完整的元理论分析框架,用以研究制度、个体和组织之间在系统中的相互关系。这一观点的重要性在于它有助于我们更加全面地理解和解释现实世界中的社会、经济和政治现象。制度逻辑视角通过深入分析制度的规范、信任和文化等因素,揭示个体和组织在特定制度环境下的行为方式,以及制度演变及变革对组织和社会的影响。鉴于制度的复杂性和多样性,这一视角不断发展和完善,并为我们提供了丰富的研究领域和深入洞见。

(二)多重制度逻辑

桑顿(Thornton)和奥卡西奥(Ocasio)将制度逻辑定义为一种由社会构建的关于文化象征和物质实践(包括假设、价值观和信念)的历史模式,他们将制度逻辑和制度秩序进行了区分,这样一来我们就有了将多种制度逻辑融合到组织、行业或领域中的可能,并与单一逻辑形成联系或从中衍生出新的秩序。这个观点开启了对互补、竞争、多样性或混合逻辑进行实证和理论研究的探索。

过去,人们普遍认为,制度逻辑的冲突只是一个短暂的过渡阶段,是一种主导逻辑向另一种主导逻辑转变的阶段。然而,新的研究表明,制度逻辑的冲突可能会持续很长时间,并且多种制度逻辑之间会不断竞争和相互影响,没有一种制度逻辑能够完全主导整个领域,这需要我们以更加谨慎的态度来看待制度逻辑的冲突,不能简单地将其视为短期问题,而要认识到其可能会长期存在,并积极寻求适当的方式来处理和管理这种冲突。Greenwood 及其团队创建了一种称为"制度复杂性与组织回应"的模型,该模型旨在深入研究不同场域的结构和组织特征,以及它们在多元制度逻辑和组织应对策略之间的过滤作用和机制[①]。Besharov 和 Smith 提出了一个创新的分析框架,旨在描绘组织内部制度逻辑多样性的各种

---

① Greenwood R, Raynard M, Kodeih F, et al. Institutional Complexity and Organizational Responses[J]. Academy of Management Annals, 2011, 5(1):317-371.

类型。① Raynard 在 Besharov 和 Smith 的研究基础上,对制度复杂性概念进行了解构,确定了影响复杂性体验的三个主要因素:首先是逻辑规定性要求不兼容程度,也就是说,在该领域内,不同逻辑之间是否存在相互冲突的情况;其次是确定的或广泛接受的逻辑优先次序,即不同逻辑之间是否存在明确的优先级关系;最后是逻辑管辖权的重叠程度,即不同逻辑是否存在相互重叠。② 这些要素具有至关重要的意义,因为它们能够深入揭示制度复杂性的本质以及其影响因素,并为我们提供有益的思考和启示。然而,由于忽视了制度逻辑的微观基础,上述框架未能明确阐明制度逻辑对基层行为产生影响的具体条件和机制。桑顿等学者采用科尔曼的船型模型,并结合动态建构主义和符号互动主义的观点,确定了连接宏观结构和微观行为的三种机制——身份、目标和图式③,开发了一种至今为止最全面的制度逻辑微观基础整合模型。④

在制度逻辑的视角下,我们可以看到一个全面、多层次和跨层次的元理论框架,其中蕴含着一些基础原则。首先,它强调了社会行动者的能动性和结构性的二元性,这个原则强调了行动者在特定社会情境中的自主性和创造性,同时也承认了社会结构和规则对行动者的约束和塑造作用。具体来说,这个原则认为社会行动者既受到社会结构和规则的影响及制约,也具有自己的利益和目标,因此社会行动者能够在制度和规则的框架内发挥自己的创造性和自主性。同时,社会行动者的行为和决策也会受到社会结构和规则的引导及影响,从而形成一种相互塑造和相互影响的动态关系。基于这一核心假定,制度逻辑理论解释了行动者在社会结构中的一定程度的自治性,并探讨了制度如何既限制又促进个体和组织行动者,从而影响制度的稳定性和变迁。其次,制度逻辑视角同时关注制度

① Besharov M L, Smith W K. Multiple Institutional Logics in Organizations: Explaining Their Varied Nature and Implications[J]. Academy of Management Review, 2014, 39(3):364-381.

② Raynard M. Deconstructing Complexity: Configurations of Institutional Complexity and Structural Hybridity[J]. Strategic Organization, 2016, 14(4):310-335.

③ Dimaggio P J. Culture and Cognition[J]. Metaphilosophy, 1997, 23(1):263-287.

④ 帕特里夏·H.桑顿,威廉·奥卡西奥,龙思博.制度逻辑:制度如何塑造人和组织[M].汪少卿,等译.杭州:浙江大学出版社,2020:99-120.

的物质层面和象征层面。这也是一个重要的基础原则,这个原则强调制度不仅包含着物质的结构和实践,例如规则、程序和组织等,还具有象征元素,即思想和意义。这些思想和意义可以表现为符号、语言、价值观、信仰和意识形态等,它们对于行动者具有指导和约束作用,同时也反映了特定社会情境下的文化和价值观念。在制度逻辑视角下,制度的物质层面和象征层面是相互关联和相互影响的。物质的制度结构和实践可以促进或限制行动者的行为和决策,而象征层面的制度和思想则可以影响行动者的认知、态度和情感,进而影响他们的行为和决策。[①] 需要注意的是,即使是在看似相同的制度实践和结构下,不同的行动者也可能会赋予其不同的象征意义。因此,制度逻辑视角有助于研究者将象征效应与结构效应相区分,以更好地理解二者之间的因果关系和运作机制。再次,制度逻辑视角假设制度具有历史的变化性,多重制度系统的演变与历史变迁相互交织。[②] 制度逻辑理论生成、再现和变迁的基础在于制度的历史变化,这种历史变化可以包括制度的形成、演进和变革等不同阶段。在不同的历史阶段中,制度所处的社会环境、社会需求和社会条件等都会发生变化,从而影响制度的生成、再现和变迁。最后,制度逻辑视角将制度的运作范围划分为多个分析层级,在这个视角下,行动者被视为嵌入在各个分析层级中的主体,不仅他们的行为和决策受到制度的影响和约束,同时他们也能够通过自己的行动来影响和改变制度。这种分析层级之间的互动和相互影响,为我们理解制度的生成、运作和变迁提供了更加全面和深入的视角。在制度逻辑视角下,社会被概念化为一个近似可分解的多重制度系统,这种概念化将社会视为一个由不同制度构成的复杂系统,每一种制度都有其独特的规则、价值观和行为模式等。这些制度在社会中发挥着不同的作用,并对行动者的认知和行为产生影响。这种多重制度系统的概念化使得我们能够更好地理解社会现象的复杂性和多样性。我们可以对不同制度之间的相互作用和影响进行分析,同时也能对文化在不同

---

① 陈阳. 制度逻辑视角下新兴技术创业企业合法性获取策略及其形成机制研究[D]. 成都:电子科技大学,2022.

② 陈阳. 制度逻辑视角下新兴技术创业企业合法性获取策略及其形成机制研究[D]. 成都:电子科技大学,2022.

制度场域中的作用进行深入探究,这有助于我们更好地理解社会运作的机制和规律。

综上所述,制度逻辑视角作为一种元理论框架,在强调行动者的能动性与结构性的二元性、制度的物质性与象征性、制度的历史权变性以及制度的多重分析层级方面提供了独特的视角,它对我们理解社会制度的特征、运作机制和变迁产生了深远的影响。制度逻辑视角在社会层级上对制度理论的发展作出了重要的贡献,Friedland 和 Alford 将社会划分为不同层级:个体之间的竞争和谈判层级,组织之间的冲突和协调层级,以及制度之间的矛盾和依赖层级。这种多重制度系统被视为制度逻辑视角下的社会,并成为该视角的核心创新之一,通过应用理论模型,我们能够进一步理解和分析这个复杂的系统的机制和作用。[①] 制度逻辑视角认为社会是一个存在潜在冲突的多重制度系统,而这种视角的提出能够帮助我们更深入地理解社会结构及其运作方式。

二、委托—代理理论

(一)理论起源

随着生产社会化程度的不断提高和市场联系的不断扩大,企业的所有权和经营权逐渐分离,企业所有权者(股东)通过契约关系将经营权委托给有能力的经理阶层,从而形成了委托—代理关系。简言之,委托—代理关系就是一种契约关系,委托人授权受委托人按其意愿从事相关工作,并赋予受委托方决策权,使其以委托人名义进行活动和处理事务。

委托—代理理论最早的来源可以追溯到 1776 年亚当·斯密的《国富论》一书,在这本书中亚当·斯密首次提出了公司所有者控制权与经理人经营权分离对公司运转的影响。随后,一些学者如罗斯、詹森和梅克林等人进一步研究和探讨了委托—代理现象。直到 20 世纪 60 年代,委托—代理理论引起了广泛的经济学家们的讨论,并由斯蒂芬·罗斯提出了现

---

① 陈阳. 制度逻辑视角下新兴技术创业企业合法性获取策略及其形成机制研究[D]. 成都:电子科技大学,2022.

代意义上的委托—代理理论,这一理论对于我们理解和解决公司治理中的问题具有重要的指导意义。[①] 1973 年,斯蒂芬·罗斯定义了委托—代理关系:在代理人和委托人之间出现目标分歧的情况下,代理人作为具有一定决策权和责任的人,可能会因为缺乏监督而采取损害委托人利益的行为。[②] 随后,詹森和梅克林对委托—代理关系进行进一步界定,他们强调委托—代理关系是指委托人(股东或所有者)授权代理人特定权限,以便代理人可以执行一系列活动,旨在实现股东的利益诉求。此外,委托—代理关系还包括一项契约关系,代理人通过提供数量和质量相符的服务来获得相应的报酬。[③] 委托人和代理人都有追求自身效益最大化的动机,这导致了两者之间存在矛盾。委托方要求代理方严格按照合约履行委托任务,并以最小成本实现最大目标利益。由于代理方和委托方的利益不一致,代理方可能会追求自身利益而损害委托方的利益,从而引发一系列问题。代理方往往倾向于承担较少的风险和责任,同时争夺足够的决策权和管理权以追求个人利益,这可能会导致代理方的行为偏离委托方的利益,进而引发委托—代理问题[④]。

(二)关键问题

信息不对称是委托—代理关系中的一个重要难题。在组织研究领域,信息一直占据着重要位置。由于个人理性的有限性,个人及其所在组织对信息的处理能力受到了限制。信息不对称指的是一方拥有另一方不知晓的信息。通常情况下,受委托人掌握着更多信息,而委托人则缺乏相关信息。在信息不对称的情况下,委托人和代理人之间经常出现利益的竞争,其中一方对另一方的意图或承诺的信息不完整或不确定,从而引发

---

① 王敏. 环境运动式治理的政策效用、运行机制及适配路径研究[D]. 上海:上海财经大学,2022.

② Ross S A . The Economic Theory of Agency:The Principal's Problem[J]. American Economic Review,1973,63(2):134-139.

③ Jensen M C, Meckling W H. The Theory of the Firm Managerial Behavior, Agency Costs and Ownership Structure[J]. Journal of Financial and Economics,1976,3(4):305-360.

④ 王敏. 环境运动式治理的政策效用、运行机制及适配路径研究[D]. 上海:上海财经大学,2022.

了信息不对称的难题。委托—代理关系中常见的问题,被称为"代理人机会主义行为"。首先是道德风险,即代理人可能在追求自身利益最大化的同时对委托人或其他代理人的利益造成损害,这种情况表现为代理人在达成有效合同和保护自身利益的情况下,未采取措施来捍卫委托人的合法权益,甚至容忍了对委托人利益有害的行为的发生。由于代理人比委托人更加了解公司的内部情况,代理人可能会利用这种信息优势从而采取不利于委托人的行动,例如隐瞒风险、追求私利等。为了解决这个问题,委托人需要采取一些措施来减少信息不对称并增强代理人的责任感。[①] 逆向选择是委托—代理关系中另一个重要的问题。逆向选择是指由于信息不对称,劣质代理人可能驱逐优质代理人,这种现象在委托—代理关系中很常见,通常会导致代理人对委托人利益的损害。由于信息不对称,委托人在选择代理人时很难获得真实的能力、意图和动机等信息,这使得委托人面临着无法准确评估代理人质量的困境。为了获取利益,代理人可能会采取隐藏信息或提供不完全信息的手段,从而引发逆向选择问题。

信息不对称以及缺乏激励和约束机制确实是导致委托—代理问题的重要原因。[②] 但通过建立激励机制、加强监督和信息披露、引入第三方监督、建立信誉机制以及完善合同条款等措施,可以减少委托—代理问题的发生,从而保护委托人的利益并提高代理人的整体水平。当代理人与委托人之间存在信息不对称的情况时,委托人往往无法直接观察代理人的行为细节,而只能通过最终结果来评判其行为。然而,结果受到很多因素的影响,为了最大化自身效用,委托人会采取措施来约束代理人的行为,这就是所谓的"参与约束",委托人希望代理人全力以赴,使自己的利益得到最大程度的保障和实现。在组织研究中,我们经常面临着激励约束机制不完善的问题。通常代理人和委托人之间存在利益分歧,因此代理人可能会出于自身利益而选择损害委托人的利益。解决激励约束机制不完

---

① 王敏. 环境运动式治理的政策效用、运行机制及适配路径研究[D]. 上海:上海财经大学,2022.

② 王敏. 环境运动式治理的政策效用、运行机制及适配路径研究[D]. 上海:上海财经大学,2022.

善的问题已经成为组织研究中至关重要的议题,在这一挑战面前,我们迫切需要寻找可行且切实有效的激励机制。① 其中,确保激励的有效性是委托—代理关系中的关键问题。代理人的行为受到许多因素的影响,包括他们自己的利益、风险偏好、工作动机等。在设计激励机制时,我们必须充分了解代理人的个人特征和需求,以便更好地满足他们的激励要求。同时,委托人还需要考虑代理人可能存在的"关注性选择"倾向。关注性选择是指代理人在执行任务时,可能会过于关注某些因素而忽略其他因素,从而影响任务的完成质量。例如,代理人可能会过度关注短期利益而忽略长期利益,或者过度关注个人收益而忽略集体利益。从委托人的角度来看,他们的核心目标是在最小的成本下实现自身利益的最大化,为了达到这个目标,委托人需要制定合理的契约内容,以激发代理人的积极性。在设计激励机制时,我们必须充分考虑代理人可能存在的"关注性选择"倾向,并积极推动他们履行契约任务。建立综合激励机制、加强对代理人的监督、设计合理的契约以及建立有效的沟通机制等措施,可以使得代理人在执行任务时更加关注委托人的利益,从而提高委托—代理关系的整体效率。总之,当委托—代理关系中存在信息不对称的情况时,委托人需要通过激励相容和参与约束这两种方式来确保代理人的行为既符合委托人的利益,又满足委托人的要求。

综上所述,委托—代理关系中存在着严重的信息不对称问题,委托人必须通过"激励相容"和"参与约束"等方式来激励代理人行为的合理性,同时也需要警惕道德风险和逆向选择问题的发生。

三、模糊—冲突理论

(一)理论起源

马特兰德提出的"模糊—冲突"模型是西方政策执行理论发展的新的里程碑。在此之前,研究政策执行主要有两种路径,分别是"自上而下"和

---

① Jean-Jacques Laffont, Davicl Martimart. The Theory of Incentives: The Principal-Agent Mode[M]. 北京:世界图书出版公司北京公司,2012.

"自下而上",这两种路径已经存在了相当长的时间。"自上而下"研究路径往往将政策设计师或决策者视为主导角色,并关注中央层面可操纵或确定的因素;与之不同,"自下而上"研究路径则注重目标群体、执行主体、服务提供者以及存在政策争议的地方政府等因素。

"自上而下"的研究途径存在几点问题:首先,它过分关注上层政府行动者的目标,忽视了其他政策执行参与者的作用;其次,我们必须意识到,实际情况中并不存在完美无缺的执行环境和条件,然而,这一研究路径对于执行层面的自由裁量权问题,往往选择视而不见,这导致执行工作无法得到有效推进。此外,政策执行与政策决策之间的区分常常被忽视,与最初旨在明确二者之间差异的初衷相违背。"自下而上"的研究途径是一种强调从基层单位或个体的角度出发,通过对基层实践的观察和研究,逐步推导出宏观现象或问题的解决方法的研究思路。这种研究途径也面临一些批评和挑战:①偏重于边缘角色,这种研究途径强调的是边缘角色或基层单位的作用,这可能导致研究过于简化问题,无法全面地理解复杂的社会现象或组织问题;②缺乏明确的理论框架,由于"自下而上"的研究途径更注重实践和经验,有时可能缺乏明确的理论框架来指导研究过程和解释发现的现象;③执行结构的不稳定性,这种研究途径的执行结构往往依赖于现有的官僚制度或其他组织体系,这可能导致研究的可靠性和稳定性受到影响;④难以推广应用,由于"自下而上"的研究途径更注重个案研究和基层实践,有时可能难以推广应用到其他地区或情境。由于这两种路径之间存在根本差异,试图整合它们的努力往往以失败告终,为了推进政策执行研究的升级,需要开辟新的道路。

马特兰德对目前已有的政策执行研究进行了全面综合和重新构思,他指出以往试图将"自上而下"模型和"自下而上"模型整合的努力往往以失败告终,原因在于这两种研究途径存在根本性差异,这可能意味着我们需要更深入地了解这两个模型的内在机制和关键变量,以便更好地理解它们之间的差异和相似之处。同时,我们也需要探索新的理论框架和方法,以更好地整合这两个模型,并揭示它们对政策执行过程的影响。在马特兰德的研究中,他专注于整合自上而下和自下而上的执行模型,并对各种类型的政策进行选择性研究。马特兰德提出的"模糊—冲突"模型是一种新的理论框架,旨在整合自上而下和自下而上的政策执行模型,并帮助政策制定者更好地理解和应对政策执行过程中的各种挑战。在这个模型中,马特兰德认为政策的模糊性和冲突性是两个本质属性,这两个属性在政策执行过程中起着至关重要的作用。

(二)主要观点

马特兰德提出的"模糊—冲突"模型的核心观点是:研究者在进行理论研究时除了要罗列需要考虑的主要变量外,还必须明确说明哪些条件和原因使得某些变量成为重要变量。[①] 模糊性和冲突性是政策中两种常见且重要的表现方式,它们被视为政策中的关键因素。当政策的目标得到明确定义时,执行成功就意味着忠于这些目标。在这种情况下,执行成功的评估标准是明确的,即政策执行者能够实现既定的目标。然而,当政策没有明确定义目标时,选择合适的执行标准就变得较为困难,需要进行更广泛的评估。

马特兰德运用了一个二维框架,即"模糊—冲突"模型,来分析不同模糊程度和冲突程度下可能存在的各种政策执行模式。在这个模型中,马特兰德认为政策的模糊性和冲突性是两个关键因素。政策的模糊性指的是政策的目标、要求和界限等方面不够明确,这可能导致政策执行者难以准确理解和实施政策。模糊性主要表现在政策目标和执行手段两个方面。在目标方面,模糊性指的是政策的目标不够明确或存在不确定性,这可能导致政策执行者难以准确理解和实施政策。这种情况下,在新政策合法化之前,模糊性是必要的,因为它为政策制定者和执行者提供了灵活性和创造性,有助于他们应对复杂多变的情况。在手段方面,模糊性指的是在没有实现政策目标所需的技术条件下,组织在执行过程中扮演角色的不确定性,或者是在复杂环境中难以确定使用哪种工具时,政策手段变得模糊。最终,成功的政策执行不仅需要我们理解和接受其模糊性,还需要我们将其作为一个重要因素来考虑,并采取适当的措施来建立有效的

---

① Matland R E. Synthesizing the Implementation Literature: The Ambiguity-Conflict Model of Policy Implementation[J]. Journal of Public Administration Research and Theory, 1995 (5):145-174.

执行模型。[①] 但这种模糊性可能会对政策执行产生负面影响，因为缺乏明确的执行方法和步骤可能会导致执行过程中出现混乱和不确定性。冲突性指的是当多个组织认为某项政策与它们的利益直接相关时，它们之间会存在观点不一致的情况。这种差异可以体现为对政策目标或计划执行行动持不同意见。这种冲突性可能会对政策执行产生负面影响，因为不同利益相关者之间可能存在竞争甚至是抵触情绪，所以在政策执行过程中会出现分歧乃至难以协调。对于冲突性，政策制定者可以通过协调不同利益相关者的目标和利益来降低政策的冲突程度，以便政策执行者更好地平衡不同利益相关者的需求和目标。

马特兰德提出的“模糊—冲突”模型是一种有益的理论框架，它可以帮助政策制定者和执行者更好地理解政策执行过程中的各种挑战和问题，并指导他们采取相应的措施来确保政策能够充分地发挥效果。

根据政策的模糊程度和冲突程度的不同，可以将政策执行分为四种类型[②]（见图 1.1）。

模糊性 \ 冲突性	低	高
低	行政性执行 主要原理：资源	政治性执行 主要原理：权力
高	试验性执行 主要原理：情境状况	象征性执行 主要原理：地方联盟力量

图 1.1 模糊—冲突模型

资料来源：理查德·J. 斯蒂尔曼二世. 公共行政学：概念与案例[M]. 竺乾威，等译. 北京：中国人民大学出版社，2004：617.

（1）行政性执行：低政策模糊性和低政策冲突性。在这种模式下，各

① 杨宏山. 情境与模式：中国政策执行的行动逻辑[J]. 学海，2016(3)：12-17.

② 理查德·J. 斯蒂尔曼二世. 公共行政学：概念与案例[M]. 竺乾威，等译. 北京：中国人民大学出版社，2004：622-631.

种资源如人力、物力、财力、技术和信息在政策执行中起主要作用,资源越充足,行政性执行的政策成效就越明显。它与"自上而下"的执行路径非常相似,同样注重中央层面的政策制定和决策,执行通常在设定了目标的情况下进行,问题的解决依赖于技术手段,执行行为的信号从中央层面开始传递,通过各级组织在各个层面推动具体的落实。由于行政性执行对应的政策有较低的模糊性和冲突性,政策的目标和手段非常明确,并且政策执行过程中不存在明显的利益冲突。这种类型的政策执行通常比较顺利、相对可控。因为所有相关利益方都能够明确地理解政策的目标和实施方法,所以他们更容易达成共识。

(2)政治性执行:低政策模糊性和高政策冲突性。在政治性执行模式中,政策目标明确定义,政策工具也清楚明了,但利益相关方之间存在明显的利益冲突。在这种情况下,政策执行可能会面临较大的挑战,因为各方可能会因为争夺自身利益而难以达成共识。政策内部目标与外部目标、显性目标与潜在目标之间存在不协调或不相容的问题。在这种情况下,权力成为影响政策执行效果的主要因素,换言之,如果政策制定者或决策者拥有足够的权力,并能够使政策参与者自愿或被迫服从,从而努力贯彻执行政策制定者或决策者的意图和理念,那么政策效果将更加明显。此外,如果政策制定者或决策者能够适当地给予政策参与者足够的激励也将增加政策执行效果,在具体的政策实施过程中,采取强制措施和激励措施相结合是推动政策有效执行的重要途径。

(3)试验性执行:高政策模糊性和低政策冲突性。政策的目标和手段存在一定的模糊性,但利益相关方之间不存在明显的冲突。在这种情况下,政策执行可能仍然比较顺利,因为尽管目标和方法可能不太明确,但是各方都能够以积极的态度面对这些不确定性并努力达成共识。政策的执行效果很大程度上取决于情境状况,虽然马特兰德并未详细说明"情境状况"的含义,但既有的研究和实践已经表明,这指的是中间层面和基层层面的政策执行主体的行为模式。

(4)象征性执行:高政策模糊性和高政策冲突性。政策的目标和手段存在一定的模糊性,同时利益相关方之间也存在明显的利益冲突。在这种情况下,政策执行可能会面临最大的挑战,因为各方可能会因为不确定的目标和方法以及难以协调的利益冲突而无法达成共识。政策的模糊性导致执行效果的差异,并给予中观和微观政策参与主体更大的自由度。因此,地方联盟力量成为象征性执行效果的主要影响因素。象征性政策执行模式与政治性执行模式不同,前者受到微观和中观层面力量的影响,而后者则更多地是受到宏观层面的影响。

马特兰德的"模糊—冲突"模型对于我们分析复杂的政策问题具有很大的启示作用。它鼓励我们运用分类和差异化思维,从政策的属性入手,对政策执行的差异性和可能出现的执行差距进行分析,以制定更有效的政策执行策略。

(三)理论批判

作为西方第三代政策执行研究的重要成果,模糊—冲突模型在一定程度上克服了第二波政策执行研究中的一些限制,并为我们提供了更深入的执行过程理解。该模型的应用跨越了多个学科领域,展现出了强大的问题解释能力。然而,像其他模型一样,模糊—冲突模型并非完美无缺,也存在一些局限性。

首先,衡量政策的有效执行是一个重要且复杂的问题。马特兰德的观点提出,政策的成功与否主要取决于政策目标的明确性,这为评估政策执行的效果提供了重要的理论基础。然而,研究中发现的政策意图与实际政策结果之间的差距,以及可能产生的更消极的社会影响,都使得我们不能仅仅依赖政策声称的目标来衡量政策的执行效果。然而,一些研究表明,政策意图与实际政策结果之间存在很大差距,这可能导致政策执行对社会产生更为消极的影响。因此,政策失败并不一定与政策执行有必然的联系。在评估政策执行结果时,我们需要全面考虑各种因素,而不仅仅是政策执行本身。

另一个重要问题是政策的冲突性。当我们将马特兰德的政策执行模型应用到实际政策实践中时,我们需要意识到某项特定政策可能只是整个政策体系的一部分。因此,一个看似没有冲突的政策,可能在与其他政策的互动中产生冲突。政策体系中的各项政策可能是相互关联、相互影响的,一项政策的执行可能会对其他政策产生积极或消极的影响。当一项政策与其他政策发生矛盾和冲突时,地方政府可能会采取不同的行为。政策的冲突性是多元相关的,它不仅是在特定环境下的一种线性关系,而且是一种复杂的、多维度的关系。总之,尽管模糊—冲突模型在政策执行研究中取得了一定的突破,但我们依然需要进一步深入研究和完善模糊—冲突模型,以更全面、准确地理解和评估政策执行过程中涉及的各种因素和问题,从而更好地为政策制定和执行提供理论指导和实际应用。

此外,静态模型在政策执行研究中存在一些限制。静态模型假设环境或影响因素是相对稳定的,且与时间和空间无关,但在实际工作中,政策执行是一个动态变化的过程,随着时间的推移,政策目标的明确性可能会在执行过程中逐渐清晰,政策执行的策略和手段可能会根据实际情况进行调整,甚至政策执行的模式也可能会发生改变,静态模型无法充分考虑政策执行过程中的动态变化。对于一些具有高度模糊性的政策,情况更是如此。这些政策的模糊性可能会导致政策目标不明确,也会使得实现这些目标的技术手段变得模糊。静态模型无法充分地处理和解释这些动态因素,这些挑战对静态模型来说是非常严峻的,未来在政策执行研究领域中,我们需要在模型和方法上进行更多的创新和研究,以便更好地理解和评估政策执行过程中的各种动态变化。

最后,马特兰德的观点是政策执行的成功与否主要取决于政策目标的明确性,但这个观点并不能完全涵盖政策执行过程中的所有影响因素。在模糊—冲突模型中,不同的政策执行模式对应着不同的核心要素,这些核心要素将决定政策执行的最终结果。其中,政策参与者的参与强度是一个重要的因素,在不同的政策环境中,微观执行环境的资源量和政策参与者的参与强度各不相同,这造成了不同的情境条件。

马特兰德没有详细分析情境条件,只是指出试验性执行的结果取决于情境条件。由于情境条件是复杂的,包括许多不可预知的因素,所以试验性执行的结果确实难以预测。在公共政策的执行过程中,影响因素确实是多种多样的,但在众多因素中,执行主体发挥着更为关键的作用,执行主体的主观能动性和他们的专业能力、资源控制能力、组织协调能力等都会对政策执行产生重大影响,将执行结果完全归结于情境条件来解释,在一定程度上忽视了政策执行者的主观能动性。

四、小结

正如彼得斯所指出的,没有任何一个理论能够全面解释所有的政治行为。因此,我们应该采用多种制度分析方法并且融会贯通,这样做有助于政治学研究的进一步发展。[①] 本书宽泛地用"制度—行为"分析框架来分析校园足球政策执行主体的政策行为选择及其内在逻辑以及这种选择所带来的政策执行偏差行为。

制度的演变和运作并非单一机制决定的,而常常是涉及多种制度逻辑的,每个具体的机制或影响因素都可能对制度的运行和演变产生深远的影响。我们强调对"制度逻辑"的分析框架,重视各种制度逻辑在政策执行主体行为选择中所形成的关系,通过分析不同制度逻辑及其相互关系对校园足球的影响,我们可以推断其现状和未来发展趋势。本书将通过分析特定制度逻辑下相应主体的行为方式和原因,建立宏观制度与微观主体之间的解释关系,并进一步分析校园足球政策执行中出现的偏差行为的原因。

目前,在校园足球政策执行场域中,多方面的因素为科层逻辑的盛行提供了条件,科层逻辑所面临的一个重要问题是委托—代理关系。委托—代理的分析框架侧重于中央政府和地方政府之间的权力委托—代理关系,认为两者之间的委托与代理是研究地方政府行为选择的核心问题。委托—代理关系的深层逻辑是"控制",而显性逻辑则是"激励"。在校园足球政策执行过程中的多层级委托—代理关系中,基层执行不力成为校园足球发展面临的挑战,而信息不对称和激励约束不完善是造成地方政府执行偏差的重要问题。

此外,许多研究揭示了我国基层政府政策执行的重要策略是模糊与清晰交叉共存。国内学界有很多研究利用模糊—冲突模型来解释中国政策执行的现象,这一模型已被证明具有较强的解释能力和适用性。将模糊性与冲突性作为分析政策执行的两个重要考虑维度,无论在国内还是

---

① B.盖伊·彼得斯.政治科学中的制度理论:新制度主义[M].上海:上海人民出版社,2011:153-155.

国外都是通用的。从理论上讲，"模糊—冲突"模型结合了自上而下和自下而上两种政策执行理论，并适应了中国公共政策执行的实际情况。对于模糊与清晰交叉共存的校园足球政策内容而言，政策执行者如何开展执行工作并最终实现既定政策目标，以及在政策制定时如何平衡校园足球政策的模糊性与清晰性等问题，还需要进一步研究。通过分析可见，该理论模型能够帮助我们解释我国校园足球政策执行的逻辑及其结果。

本书采用制度逻辑理论、综合委托—代理理论、模糊—冲突模型等多个理论综合的分析框架，旨在避免将主题局限在某一特定范式内，从而减少对研究的客观性和真实性的损害。

第三节　相关研究述评

一、政策执行相关研究

(一)国外公共政策执行的理论与模型

1.政策执行理论的演进

一旦政策方案经过合法程序通过并公布，即进入政策执行阶段。政策执行是指为实现既定政策目标所采取的一系列行动，包括行政、经济、法律和思想教育等手段。这些行动涉及发布命令、拨款、签订合同、收集资料、传递信息、委派人员和建立机构等方面。作为政策过程中的中间环节，政策执行是将政策目标转化为政策现实的关键途径，同时也是检验政策是否正确的唯一标准。政策执行的有效与否直接影响政策的成败，因此在整个政策活动及其生命周期中，政策执行具有至关重要的地位和作用。

自从20世纪70年代中期以来，在西方特别是美国的公共政策研究领域，人们对政策执行进行了深入研究，这形成了一个广泛而深刻的"执行研究运动"，该运动的兴起可以追溯到1973年加州大学普雷斯曼和韦达夫斯基合著的《执行——华盛顿的美好期待是如何在奥克兰破灭的》一书的出版。① 西方国家在政策执行研究方面经历了几个重要的发展时期。首先是第一代研究，该时期主要关注实际案例和自上而下的政策执行研究途径。普雷斯曼和韦达夫斯基被视为第一代研究的代表人物②。第一代研究的主要贡献在于强调政策执行与政策目标实现之间存在非线性关系，这对于政策研究领域的发展具有开创性意义，并拓宽了我们对政策研究的视野。然而，对于这一代研究也存在一些批评的声音。批评指出，该研究过于注重个案分析，难以从实证经验中总结出普遍性的命题，同时，它在研究路径上过多关注中央行动者的目标和策略，忽视了基层官员的适应策略和政府行动的意外结果。

第二代政策执行研究是在对第一代政策执行研究的批评和拓展的基础上形成的，它更加注重构建政策执行理论分析框架和模式，并得到了爱德华兹、萨巴蒂尔、利普斯基、C. 霍恩和 D. 米特等主要代表人物的推动。第二代研究的主要观点强调从下而上的政策执行模式，同时着重探讨政策制定与政策执行之间的互动性，以及政策执行者与政策制定者之间的互动与合作。从下而上的研究路径强调给予基层官员或地方执行机关相对自主的裁量权，以便根据实际情况来实施政策目标，同时，该研究路径开始重视对政策过程中的利益相关者进行分析，以便全面了解各方利益的影响。

第三代研究试图弥补第一代和第二代政策执行研究的不足，并提出了更加综合的执行框架。这种整合性的执行研究路径强调政府机构网络关系和政策执行力的表现。具体而言，在执行机构之间的网络结构中，垂直体系涉及层级政府之间和不同机构之间的协作关系，而水平关系则包括政府部门和民间组织之间形成的合作关系。成功的关键要素在于组织能力和机构间伙伴关系的协调和沟通，整合型的执行研究路径强调了机构之间的网络关系，为学者们的研究提供了重要的启示，使他们能够更全面地了解政策执行的复杂性和变化性。然而，组织之间的复杂网络分析

---

① Deleon P. The Missing Link Revisited: Contemporary Implementation Research[J]. Review of Policy Studies, 1999, (3/4): 311-338.

② Pressman J L, Wildavsky A. Implementation: How Great Expectancy In Washington Are Dashed In Oakland (3rd ed) [M]. California: University of California Press, 1984: xxii-xxiii.

使得整合型执行研究路径在解决政策执行问题方面显得力不从心,这种局限性导致后续研究者难以采用整合型执行研究方法。尽管如此,西方对政策执行的研究仍然为政策科学的发展作出了巨大贡献。尽管在研究方向上存在着自上而下和自下而上、实证研究和后实证研究、宏观执行和微观执行等不同研究范式之间的竞争、冲突和争议,但这些研究工作拓展了政策科学的研究范围,纳入了长期以来被忽视的政策执行问题。

2.主要的政策执行过程模型

(1)史密斯的政策执行过程模型

史密斯是公共政策执行领域早期学者之一,在其著作《政策执行过程》中,他提出了一个归纳政策执行过程的模型[①](见图1.2)。史密斯的政策执行过程模型被广泛应用于研究公共政策的实施过程中。

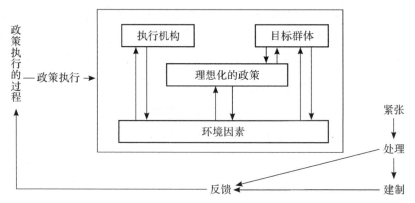

图1.2 史密斯的政策执行过程模型

史密斯认为政策执行受到多个因素的影响,其中包括理想化的政策、目标群体、执行机构和环境因素。理想化的政策是指一项合法、合理且可行的政策方案。政策的具体形式、类型以及得到的支持程度,都会对政策的执行产生影响。例如,如果政策的具体形式和类型不明确,或者政策得到的支持程度较低,那么政策的执行可能会受到影响。目标群体是指那些需要根据特定政策决策来调整其行为的群体。目标群体的组织或制度化程度以及对政策的接受程度,都对政策执行的效果有重要的影响。例

① Smith T B. The Policy Implementation Process[J]. Policy Sciences,1973(2):203.

如,如果目标群体的组织或制度化程度较高,或者他们对政策的接受程度较高,那么政策的执行可能会更加有效。执行机构是指政府机构负责具体的政策实施工作。执行机构的组织结构、人员配备以及领导方式和技巧都对政策的执行能力和执行信心产生重要影响。例如,如果执行机构的组织结构不合理、人员配备不足或者领导方式和技巧不当,那么政策的执行可能会受到影响。最后一个因素是环境因素,包括政治环境、经济环境、文化环境和历史环境等。这些因素将对政策实施过程中所面临的各种挑战和机遇产生重大影响。例如,政治环境不稳定、经济环境不佳或者文化传统不合适,那么政策的执行可能会受到影响。

综上所述,政策执行受到多方面因素的影响,要确保政策的有效实施,需要充分考虑并评估这些因素,并采取相应的措施来克服困难和挑战。

(2)马丁·雷恩和佛朗西·F.拉比诺维茨的政策执行循环模型

马丁·雷恩和佛朗西·F.拉比诺维茨在 1978 年合著的《执行的理论观》中提出了政策执行的循环模型(见图 1.3),这个模型将政策执行过程分为三个不同的阶段。

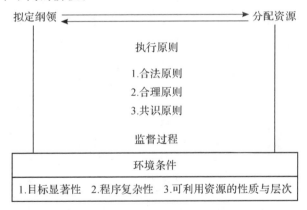

图 1.3 政策执行循环模型

纲领发展阶段:在这个阶段,立法机关的意图被转化为行政机关执行政策所需的规范和纲领。这个阶段的主要任务是明确政策的目标、任务、措施和时间表等,并制订相应的执行计划。

资源分配阶段:这个阶段是将执行政策所需的资源合理分配给执行

者。这些资源包括人力、财力、物资等,需要根据政策执行计划进行合理地分配,确保执行者有足够的资源和能力去完成任务。

监督阶段:这个阶段是对政策执行过程和效果进行评估,确认执行者应承担的行政责任。监督形式包括监督、审计和评估等,通过这些手段可以及时发现和纠正政策执行中的问题,确保政策得到有效执行。

雷恩和拉比诺维茨的执行循环模型强调政策执行是一个持续不断的循环过程,这三个阶段并不是线性的,而是双向的、相互作用的和复杂的。循环的周期性不仅指时间上的循环,还包含政策执行过程中受到的环境条件的影响和冲击,这些环境条件包括目标的重要性、程序的复杂性以及可利用资源的性质和层次等因素。因此,在每个阶段中,都需要根据实际情况进行反馈和调整,不断完善和优化政策执行方案,以确保政策得到顺利执行并达到预期的效果。

(3)麦克拉夫林的互动模型

麦克拉夫林是一位备受尊敬的美国学者,他在其 1976 年的著作《互相调适的政策执行》中提出了一种独特的政策执行互动模型(见图 1.4)。根据这个模型,政策执行包括政策执行者和受政策影响者之间的目标和手段的协调与互动过程,政策的有效性在很大程度上取决于执行者和受影响者之间行为调适的程度。[1]

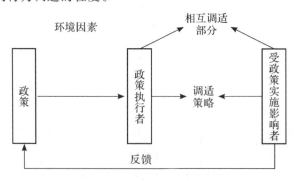

图 1.4　麦克拉夫林的互动模型

互动模型中包含几个重要观点:①尽管政策执行者和政策接受者在

---

[1]　陈振明.政策科学[M].北京:中国人民大学出版社,1998:310,154.

需求和观点上可能存在不一致,但他们仍然需要寻找一种双方都能接受的执行方式。这是因为政策执行者和政策接受者之间存在着利益关系,必须做出让步和妥协。②政策执行者的目标和手段具有弹性,可以根据环境因素和政策接受者的需求和观点的变化而灵活调整。这意味着政策执行者需要根据不同情况和需求灵活调整措施。③政策执行者与政策接受者之间的相互调适过程不是一个单向的信息流,而是一个双向的信息交流过程,双方处于平等的地位。④政策接受者的利益、价值观和观点将会反馈到政策上,影响政策执行者的利益、价值观和观点。在政策执行的互动模型中,存在两个方面的互动:政策执行者和受政策实施影响的一方。双方都有一些可以相互调适的部分,政策执行的过程就是寻找双方都能接受的调适策略的过程。这个过程是动态的,需要双方不断进行沟通和协商,以实现政策的预期目标。

总之,根据麦克拉夫林的观点,政策的成功执行并不仅仅依赖于政策本身的质量,还需要依赖于政策执行者和政策接受者之间的相互调适过程。通过深入理解这种互动关系,我们可以更好地把握政策执行的复杂性和动态性,从而提高政策执行的成功率。

(4)霍恩和米特的系统模型

霍恩和米特是两位美国学者,他们提出了一个政策执行的系统模型(见图 1.5)。① 他们认为建立一个合理而有效的政策执行模型需要充分重视以下五个关键因素。第一,政策的价值诉求及其目标和意义对政策执行过程至关重要,一项政策必须具有明确、合理和可行的目标,并且符合公众的利益和期望,政策的价值诉求能够指导和约束执行者的行为,确保政策得到正确的执行;第二,政策所需的资源,包括资金、人力、物资和技术等,也是不可忽视的因素,如果资源不足,政策执行可能会受到影响,甚至无法完成;第三,执行者及执行机关的态度对政策执行起着决定性的作用,执行者必须对政策有正确的理解和认同,并具备积极的态度和动力;第四,执行方式本身也是一个重要的因素,执行者需要根据政策的特

---

① Van Meter D S, Van Horn C E. The Policy Implementation Process: A Conceptual Framework[J] Administration&Society, 1975(4):445-488.

点和实际情况,选择合适的决策方法,制定合理的组织结构和流程,以确保政策得到高效、准确的执行;第五,系统环境也是不可忽视的因素,主要包括政治环境、经济环境、文化环境和社会条件等方面的内容。

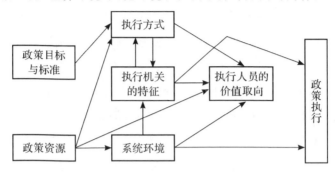

图 1.5 霍恩和米特的系统模型

根据霍恩和米特的观点,这些因素之间相互作用,共同影响着政策执行的结果,一个优秀的政策执行模型应该能够综合考虑和平衡这些因素,只有这样,才能确保政策得到正确的执行,并取得预期的效果。

(5)萨巴蒂尔和马泽曼尼安的综合模型

萨巴蒂尔和马泽曼尼安提出了一个综合模型(见图 1.6),用于分析影响政策执行各个阶段的因素[①]。根据他们的研究,这些因素主要分为三个方面:政策的可行性、政策本身的规制能力以及政策外部的各种变量。

政策的可行性涉及多个方面,主要考虑的是政策目标是否能够实现,以及政策实施过程中可能遇到的技术、资源和社会接受程度等问题。具体包括:①相关理论和技术的有效性,②目标群体行为的多样性,③目标群体的规模和行为调适的幅度。

政策本身的规制能力也是一个重要因素。这个方面主要涉及政策的明确性、可行性、一致性、公平性和稳定性等特性。好的政策需要有明确的目标和规定,可行且能够实施,同时需要与已有的规章制度保持一致,公平对待不同的群体,并具有稳定性,以便让目标群体能够对其产生信任

---

① Sabatier P, Mazmanian D. The Conditions of Effective Implementation: A Guide to Accomplishing Policy Objectives[J]. Policy Analysis,1979:481-504.

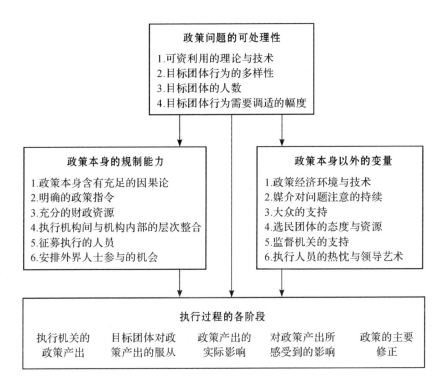

图 1.6　萨巴蒂尔和马泽曼尼安的综合模型

并做出相应的行为调整。

　　政策外部的各种变量也会对政策的实施产生影响,这个方面主要考虑的是除政策本身之外的环境因素,包括政治环境、经济环境、社会环境和文化环境等。这些外部环境因素会影响目标群体的态度和行为,从而影响政策的执行效果。

　　以上这些模型有助于我们全面考察政策执行的各种影响因素,并为进一步研究政策执行提供了坚实的理论基础。不过,这些理论与模型虽然涉及了政策执行中的矛盾与冲突问题,比如博弈模型、史密斯模型和互动理论模型等,但它们并未系统地深入考察和探究政策执行冲突现象,也没有进一步挖掘其内在的利益冲突与制度原因,而且也难以提出有效解决政策执行冲突的对策方案。因此,需要进一步深入挖掘和探索,以提出更有效的政策执行分析模型。

(二)我国政策执行研究的可视化分析

1.政策执行研究文献发文情况

发文量可以直接体现某一研究领域的受关注程度,在"中国知网"中以"政策执行"为主题词进行检索,为尽可能多地涵盖文献量,将时间范围全部设置至 2023 年 6 月 30 日。"中国知网"数据库的"政策执行"研究可视化分析的总体趋势如图 1.7 所示。政策执行相关研究的发文量整体呈上升趋势,从 2001 年开始出现较快增长,2018 年开始发文量又进入了一个新的快速增长期,2022 年相关文献量达到 835 篇,2023 年的发文量预测值继续提升,可见在未来较长一段时间"政策执行"依然是研究的热点问题。

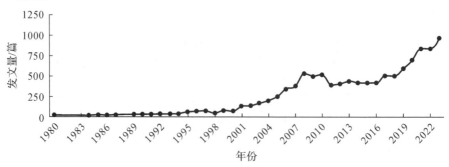

图 1.7 我国"政策执行"研究文献发文量

2. 政策执行关键词词频统计及共现图谱分析

CiteSpace 软件是一种非常有效的工具,可以帮助我们进行政策执行研究的关键词分析和可视化展示。通过该软件,我们可以生成关键词共现图谱,并根据关键词的词频和中心度来评估研究领域的热点和重要性。关键词的词频越高,表示该研究领域受到的关注度越高;而关键词的中心度则反映了该研究领域的重要性程度。关键词共现网络以可视化的方式呈现,节点的大小与关键词的热度成正比,从而可以直观地了解关键词的受关注程度。此外,图中曲线连接的节点表示关键词之间的引用和被引用关系,这可以帮助我们了解研究领域中关键词之间的相互影响。通过这些可视化分析,我们能够更加清晰地了解研究领域的动态和趋势。

运行 CiteSpace 软件,设置"政策执行"为主题词,将 CSSCI 的文献数据导入,时间参数设定为 2013—2023 年,并对重复检索的内容进行删减,根据关键词及中心度表和关键词共现图谱可以看出,最为突出的关键词为"政策执行",其余出现频次与中心性都相对较高的关键词有"公共政策""地方政府""执行偏差""执行力""政策工具""协同治理""影响因素""精准扶贫"等,说明近 10 年政策执行研究的热点主要集中在这几个方面(见表 1.1、图 1.8)。

表 1.1 2013—2023 年"政策执行"文献关键词和中心度

排名	词频	中心度	关键词
1	307	1.02	政策执行
2	29	0.11	公共政策
3	2	0.05	协同治理
4	15	0.04	影响因素
5	32	0.03	地方政府
6	28	0.03	执行偏差
7	31	0.03	精准扶贫
8	15	0.03	执行力
9	11	0.03	政策工具
10	19	0.02	教育政策
11	15	0.02	基层治理
12	5	0.02	学校体育
13	8	0.02	环境政策
14	10	0.02	执行
15	11	0.02	基层政府
16	5	0.02	乡村振兴
17	3	0.02	执行机制
18	3	0.01	体育政策
19	9	0.01	政策

3. 政策执行关键词聚类分析

为了能更清楚地分析关键词与研究热点的关系,本书对关键词进行了聚类分析和时间线分析,如图 1.9 所示。政策执行理论应用的主要领域有教育政策和精准扶贫等,注重分析地方政府的政策执行偏差及其影响因素。从时间趋势上看,从 2013 年开始,"精准扶贫"一直是学者们关注的政策热点,而"教育政策"目前关注度有所下降。

图 1.8　2013—2023 年我国政策执行研究关键词聚类图谱

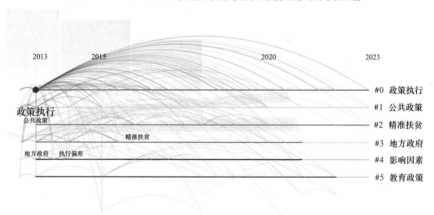

图 1.9　2013—2023 年我国"政策执行"研究关键词聚类时间线

4. 政策执行突变词分析

本书在关键词共现图谱分析的基础上使用"Burstness"检测突变词。突变词能够直接反映在不同时间段出现的新兴领域或方法,并以此来预测前沿研究的发展趋势(见图 1.10),公共政策、执行力、复杂性等基础问题在研究前期为热点领域,到研究中期,移民搬迁、农村低保、精准扶贫等领域的政策执行问题成为关注热点,值得关注的是 2017 年开始学校体育、校园足球、教育政策等体育、教育相关政策执行研究热点兴起。

关键词	年份	强度	开始年份	结束年份	2013—2023
公共政策	2013	4.36	2013	2015	
执行力	2014	3.98	2014	2018	
复杂性	2015	2.13	2015	2016	
移民搬迁	2015	2.13	2015	2016	
农村低保	2016	2.93	2016	2019	
执行策略	2016	2.10	2016	2017	
精准扶贫	2016	5.24	2017	2019	
学校体育	2017	2.54	2017	2018	
教育政策	2015	2.16	2019	2023	
校园足球	2018	2.33	2020	2021	

图 1.10　前十位"政策执行"研究突变词

(三)我国学者关于政策执行的理论与实践研究

1. 国外政策执行理论的引入与本土化研究

陈振明编写的《政策科学:公共政策分析导论》、张金马编写的《公共政策分析:概念·过程·方法》、李允杰和丘昌泰合著的《政策执行与评估》、黄健荣等翻译的《执行公共政策》等代表性文献详尽地介绍了国外政策执行研究的发展历程,引述了许多重要人物和其杰出成果,为国内相关研究提供了宝贵的思路和启示。这些研究文献全面而翔实地探讨了政策执行的不同方面,丰富并且深化了国内学者对于政策执行领域的理论认知,拓宽了相关研究的范围。《政策科学:公共政策分析导论》以严谨的古典行政组织理论为起点,审视了政策执行的历史变迁,凸显了研究的重要性;《公共政策分析:概念·过程·方法》介绍了国外政策执行研究中的三个重要转折点,并探讨了众多理论模型,这些详细的分析成为该文的亮点之一;《政策执行与评估》详细介绍了七种不同国家的政策执行模式,并提出了构建政策执行模式的四个标准。而丁煌和定明捷在梳理国外政策执行的研究脉络的同时,引入了组织视角、网络视角、制度分析视角以及阐释视角等前沿理论成果。这些文献的研究成果丰富并提升了国内学者对于政策执行领域的理论认知,为相关研究提供了新的视角。

尽管西方在政策执行研究方面处于领先地位,然而我们也必须考虑到国外研究成果的适用性。我国学者们根据中国的政策执行情境对西方理论进行了修正,并建立了适用于中国的理论框架。在对西方理论进行修正的过程中,胡业飞提出了政策执行者可以通过选择政策求解和替代这两种转化工具,将实验性执行转变为行政性执行。[①] 在中国的情境中,吴少微意识到了两个因素——"压力型体制"和"集体主义文化"的重要性。他指出,无论政策内容是否模糊不清,当纵向冲突较低时,执行者会倾向于遵循政治性执行的原则,为了应对这一情况,吴少微提出了一些对策,包括降低政策的模糊性,建立共生关系,加强上级的压力以及降低纵向冲突等,这些对策旨在确保政策的有效执行和稳定运行。[②] 在探讨中国理论建构的过程中,早期的研究从变通的角度出发,学者们指出政策变通是指在未经决策者正式批准和未通过正式程序的情况下,执行者自行对政策进行改变的行为[③],并将其分为自定义性、调整性、选择性和歪曲性四种形式。随后,利益分析框架逐渐被广泛接受,强调政策执行是基于政策主体的利益考量而进行的利益博弈过程,追求利益最大化必然导致执行阻滞的现象。在这一领域的研究中,基本的概念框架明确了,包括工具分类、选择、评价和创新等方面,并取得了丰硕的学术成果。然而,尽管取得了一定的进展,但这一领域的研究并没有完全摆脱对西方理论的模仿和套用西方话语体系的情况。

2.政策执行偏差及影响因素研究

在政策的实施过程中,常常面临着诸多因素的干扰与调整,使得政策在"失控"和"纠偏"之间不断摇摆,根据奥图尔对100多篇相关文献的梳理发现,政策的执行可受多达300多个解释变量的影响。[④] 在我国政策环境日益复杂,执行链条较长的背景下,学界开始对信息不对称、利益博弈、公民参与、政策满意度等变量更为关注。

---

① 胡业飞,崔杨杨.模糊政策的政策执行研究——以中国社会化养老政策为例[J].公共管理学报,2015,12(2):93-105,157.

② 吴少微,杨忠.中国情境下的政策执行问题研究[J].管理世界,2017(2):85-96.

③ 刘世定,孙立平.作为制度运作和制度变迁方式的变通[J].中国社会科学季刊,1997(21):46-68.

④ 谢庆奎,陶庆.政府执行力探索[J].中国行政管理,2007(11):9-13.

　　丁煌和李晓飞引入了信息经济学中的"道德风险"概念和理论来研究公共政策执行过程。他们以中央政府作为委托人,地方政府作为代理人,并将地方政府为实现自身最大利益而虚假执行政策的行为称为公共政策执行中的道德风险。这种风险产生的根本原因在于,在参与约束和激励相容约束都无法满足的情况下,中央政府与地方政府之间以及各地方政府之间会选择基于自身利益的博弈策略。[①] 陆小成、刘贵忠研究了利益结构分化对公共政策执行的影响及其治理,认为利益结构分化深刻地影响了公共政策的执行权威、执行过程和执行效益。[②] 傅菊辉和陆小成的研究指出,在新形势下,公共政策执行中的政治资源大量流失。这主要表现为执行权威的削弱、形象受损以及政治参与冷漠等问题,利益驱使、文化障碍和制度滞后是这种情况产生的主要原因。[③] 杨英顺和陆小成对公共政策执行中的参与型政治文化建设进行了研究,他们认为公共政策执行中政治参与制度的匮缺、公民文化素质不高以及经济发展水平的限制等因素严重阻碍了参与型政治文化的建设。[④] 姜国兵通过利益分析和批判性辩论的方法对政策失败进行了分析,发现政策失败的主要原因是公共权力的利益化和公民权利的抽象化。[⑤] 董强、李小云对农村公共政策的探讨揭示出了一种软化趋势,这种趋势在政策监督方面显著存在,理性化的政策监督设计无疑对基层政府的政策目标完成产生了一定的障碍,结果导致基层政府采取了非正式手段,如利益链条和关系网络,以追求政策目标的现象,更深层次的原因在于中国当前的压力型体制将政策目标分解到基层政府所难以达成的程度,进而导致政策监督的软化现象的出

---

　　① 丁煌,李晓飞.公共政策执行过程中道德风险的成因及规避机制研究——基于利益博弈的视角[J].北京行政学院学报,2010(4):16-23.
　　② 陆小成,刘贵忠.利益结构分化对公共政策执行的影响及其治理[J].重庆第二师范学院学报,2004,17(2):16-18,81.
　　③ 傅菊辉,陆小成.公共政策执行中的政治资源流失及其对策[J].湘潭大学学报(哲学社会科学版),2004(1):16-21.
　　④ 杨英顺,陆小成.论公共政策执行中的参与型政治文化建设[J].湖南工业大学学报,2005,19(2):17-19.
　　⑤ 姜国兵.政策执行中政策失败的原因与解决对策[J].广东行政学院学报,2009,21(1):20-24.

现。① 刘晓燕研究了政策执行困境问题,她认为公共政策依赖地方政府的贯彻落实,地方政府公务人员本应以公共利益为基本利益,但是由于地方政府公务人员的自利性以及科层制缺陷的存在,地方政府在政策执行中往往与公共利益偏离,这致使政策执行在地方陷入困境,当前只有通过转变政绩观才能扭转这一局面。② 李元珍主要从央地关系的视角来探讨政策执行结果与政策目标发生偏差的机制性根源,这些差异性结果的产生:一方面是由于当前以指标考核为标准的政策执行体系导致地方政府只对指标负责,而不对事实本身负责,但指标本身又无法穷尽问题发生的可能性;另一方面是由于地方政府有其自身的目标序列,这一序列与中央要求的匹配程度将直接决定政策实践的好坏。③ 钟海认为:政策设计与执行分离的运行机制、组织运行资源与激励强度失衡的科层结构以及虚置的考核监督机制为"权宜性执行"生发提供了必要的环境空间;人情取向的乡土逻辑、村民淡薄的政治参与意识和孱弱的参与能力为其生发提供了植根的社会基础;政策执行主体尴尬的角色定位和自利性的利益权衡为其生发提供了充分的内生动力。④ 郭劲光、王杰研究发现:在公共政策执行过程中,基层政府会依据政策目标的调适需要,与执行场域中各参与主体达成不同程度的联结,即"调适性联结",这种机制在基层政策执行中有意设计或被迫变更的实践应用有着明显不同甚至相互矛盾的效果,这也正是基层政府政策执行力发生演变的主要原因,这一微观机制的运行说明影响基层政府政策执行力演变的因素并不仅仅来自锦标赛激励或政治势能,还与政策执行中能动性与结构性因素之间的交互作用相关。⑤ 孙宗锋、孙悦研究发现:基层组织在政策执行中受到多种因素的影响,首

① 董强,李小云.农村公共政策执行过程中的监督软化——以 G 省 X 镇计划生育政策的落实为例[J].中国行政管理,2009(12):77-81.

② 刘晓燕.政策执行困境:地方政府公务人员的双重选择[J].云南行政学院学报,2010,12(6):128-130.

③ 李元珍.央地关系视阈下的软政策执行——基于成都市 L 区土地增减挂钩试点政策的实践分析[J].公共管理学报,2013,10(3):14-21,137-138.

④ 钟海.权宜性执行:村级组织政策执行与权力运作策略的逻辑分析——以陕南 L 贫困村精准扶贫政策执行为例[J].中国农村观察,2018(2):97-112.

⑤ 郭劲光,王杰."调适性联结":基层政府政策执行力演变的一个解释[J].公共管理学报,2021,18(2):140,152,175.

先,基层组织自身的工具理性和技术治理模式对政策执行起到了重要作用,其次,上下级之间的压力型体制导致负向激励和强力问责机制,这也对政策执行造成了一定的负面影响,最后,基层行政组织所处的外部场域特征也对政策执行产生了影响,这三个因素共同作用使得基层对政策的执行呈现出技术、避责和场域三重逻辑。① 张翔发现:基层政策变通的执行不仅仅是基层政府的独立行为,它也是上下级共同达成的关于政策执行的共识。这种共识式变通融入了行政共同体的组织形态,在实践中展现出三个情境性特征:第一,共有情境的相互理解缓解了压力的作用;第二,高度共享的执行信息限制了博弈空间;第三,权责关系的灵活配置模糊了组织边界。共识式变通与治理体系中决策合理性和执行操作性之间的矛盾,以及上下级之间的交换机制密切相关。共识式变通理论上补充了委托—代理结构和压力型体制,并丰富了府际关系理论的相关研究。② 葛天任发现不同的基层治理结构对政策执行路径的影响机制存在差异,实施共治式的治理结构能够更有效地改进政策执行的绩效,而在财政分包体制下的统合式结构或吸纳式结构中,由于缺乏有效的激励和监督机制,存在着政策执行的"软预算约束"问题,这最终导致了政策执行的偏差和低效,通过增加公众参与和监督因素,可以有效地改善政策执行的有效性。③ 王毅、高荣曾研究了地方政府在公共政策执行中的障碍与解决策略,认为主要存在政策执行机构中的官僚主义、公共政策执行体制相对混乱、地方决议存在问题等障碍。④ 丁煌,汪霞用协同学理论分析地方政府政策执行力的动力系统、动力根源和动力实现过程有利于深入认识地方政府政策执行力的内在机理。⑤

---

① 孙宗锋,孙悦.组织分析视角下基层政策执行多重逻辑探析——以精准扶贫中的"表海"现象为例[J].公共管理学报,2019,16(3):16-26,168-169.

② 张翔.基层政策执行的"共识式变通":一个组织学解释——基于市场监管系统上下级互动过程的观察[J].公共管理学报,2019,16(4):1-11,168.

③ 葛天任.治理结构与政策执行:基于3个城市社区建设资金使用案例的实证研究[J].中国行政管理,2018(7):108-114.

④ 王毅,高荣曾.地方政府在公共政策执行中的障碍分析与解决策略[J].哈尔滨学院学报,2010,31(2):33-38.

⑤ 丁煌,汪霞.地方政府政策执行力的动力机制及其模型构建——以协同学理论为视角[J].中国行政管理,2014(3):95-99.

3.政策执行案例研究

在各个政策领域中,"上有政策、下有对策"这一现象是普遍存在的。学界针对教育、产业、货币、扶贫、住房保障等政策领域展开研究,通过具体案例分析了执行阻滞现象以及其背后的原因。

贺东航、孔繁斌通过对"十一五"期间成功关停小火电政策执行过程的考察,揭示了中国政策执行模式的三个典型特征:"层级加压+重点主抓型"体制架构;自上而下的政策执行过程;"恰当的政策+高层的决心"构成政策执行到底的充分条件。① 杨成伟等运用米特-霍恩政策执行系统模型对青少年体质健康政策执行的各因素进行分析,研究发现,政策目标层次偏低,功利性太强,政策法律效力低下,政策执行资源不足,政策执行手段单一,执行机制和监控机制不健全,政策执行机构互动不足,执行者政策认同度不高,执行动力不足和政策环境不利等因素,加上各因素之间相互作用使政策执行陷入困境。② 薛立强,杨书文以"节能家电补贴推广政策"为例研究发现,政策执行各主体的行为选择构成了一种"断裂型"的结构,这一结构中的"断裂带"位于政府组织和作为政策对象的普通公众之间,由互动规则的断裂、信息流的断裂、利益流的断裂所构成,这一"断裂带"的作用机制是:政策在经过政府组织和普通公众之间的执行主体时会发生互动规则的转换;而多任务的政策执行方式却使得政府的监管职责和惩戒措施虚化。③ 潘凌云、王健、樊莲香结合史密斯的政策执行过程模型,对我国学校体育政策执行中的困境进行了分析,研究认为,学校体育政策执行是一项复杂、系统的综合性工程,政策本体的内在限制性因素,政策运行中治理结构的孱弱与执行工具的单一,目标群体利益选择的"短视性"与"自利性"倾向,以及浮躁、急功近利的教育诉求对体育的倾轧等,都是我国学校体育政策执行中的重要掣肘因素。④ 杨燕研究发现:

---

① 贺东航,孔繁斌.公共政策执行的中国经验[J].中国社会科学,2011(5):61-79,220-221.

② 杨成伟,唐炎,张赫,等.青少年体质健康政策的有效执行路径研究——基于米特-霍恩政策执行系统模型的视角[J].体育科学,2014,34(8):56-63.

③ 薛立强,杨书文.论政策执行的"断裂带"及其作用机制——以"节能家电补贴推广政策"为例[J].公共管理学报,2016,13(1):55-64,155.

④ 潘凌云,王健,樊莲香.我国学校体育政策执行的制约因素与路径选择——基于史密斯政策执行过程模型的分析[J].体育科学,2015,35(7):27-34,73.

在"双减"政策执行的第一阶段中,"自上而下"的支配逻辑、四组关键主体从自身利益出发的局部理性博弈逻辑和行动高度契合了理论逻辑;"双减"政策意图虽好但与实际执行条件差异大,引发了新一轮焦虑等现实问题;背后是四组关键主体对于外部评价机制的强依附惯性、对"双减"政策理解不到位、自我发展能力弱等深层次问题。① 许英男、王家宏研究认为:在我国体育中考政策执行中,存在着一系列制约因素,包括政策方案本身的不足、政策体系不完善、政策执行机制的阻碍、政策主体和客体之间的利益分歧、政策资源短缺和不均衡,以及中考竞争加剧。这些因素的存在给政策的有效实施带来了困难和挑战。② 李珲经过对 A 市在同一时间的生态环境治理中出现的不同政策执行行为进行过程的追踪与分析,提出了一个解释基层政府政策执行行为选择的更正式框架,称之为"外源压力——内生动力"框架,外源压力与内生动力之间存在三种情况:高度契合、部分契合和相互冲突。同时,外源压力与内生动力之间还存在两种博弈状态:外源压力强于内生动力和内生动力强于外源压力。③

目前关于"自上而下"和"自下而上"两种路径的激烈争论已经逐渐平息。无论是案例研究还是理论研究,"整合"路径已成为研究政策执行相关问题的热点,代表了总体部署和发展趋势。一些学者已经准确地把握到研究进展的前沿信号,并积极尝试和探索构建系统化变量创新研究视角以及完善研究框架。现有的研究大致可以分为两个方向:一是通过审视政策执行过程来全面系统地分析执行困境与优化路径,主要从资源、环境、手段、动力、阻力、执行偏差等角度进行分析;二是从政策执行主体、体制机制等特定视角出发进行分析,例如从政策执行主体的视角出发,通过多方面原因分析利益博弈、协调关系等对政策执行造成偏差的情况。这些研究为我们提供了丰富的参考资料,但对政策执行过程中可能存在的利益、价值和制度冲突等问题的深入剖析仍然有待加强。

---

① 杨燕."双减"政策执行的理论逻辑、现实问题与进路——基于利益原则和对 X 省的大样本调查[J].中国电化教育,2022(5):26-34.

② 许英男,王家宏.体育中考政策执行的制约因素与改进对策[J].体育学刊,2022,29(1):91-97.

③ 李珲.外源压力、内生动力与基层政府政策执行行为选择——基于 A 市生态环境治理的案例比较分析[J].公共管理学报,2023,20(3):53-63,168.

二、校园足球相关研究

(一)校园足球政策研究的可视化分析

1.校园足球研究文献发文情况

发文量可以直接体现某一研究领域的受关注程度,在"中国知网"中以"校园足球"为主题词进行检索,显示"校园足球"相关研究总体趋势如图1.11所示。2009年国家体育总局和教育部联合下发了《关于开展全国青少年校园足球活动的通知》,标志着正式启动"校园足球计划";2010年"校园足球"开始受到学者们的关注,相关研究文献也开始增多;2015年教育部成立全国青少年校园足球工作领导小组,"校园足球"研究的热度进一步提升,相关文献量达到824篇;2018年达到顶峰,相关文献量达到1319篇。近几年"校园足球"研究热度有所下降,但发文量依然维持在800篇以上。

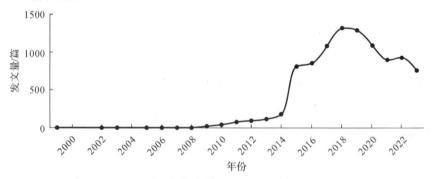

图1.11 我国"校园足球"研究文献发文量

具体到"校园足球政策"研究,在"中国知网"中以"校园足球政策"为主题词进行检索,显示"校园足球政策"相关研究总体趋势如图1.12所示。在前期"校园足球政策"与"校园足球"研究总体趋势较为类似,"校园足球政策"研究的热度同样在2015年开始提升,但与"校园足球"相比,近几年"校园足球政策"的研究热度依然持续上升,2022年发文量达到70篇。

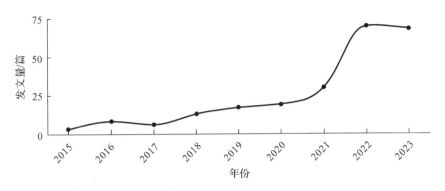

图 1.12 我国"校园足球政策"研究文献发文量

2. 校园足球关键词共现图谱

运行 CiteSpace 软件，设置"校园足球"为主题词，将期刊文献数据导入，将时间参数设定为不限，并对重复检索的内容进行删减，根据关键词及中心度表和关键词共现图谱可以看出，将基础关键词"校园足球""足球"等忽略后，其余出现频次与中心性都相对较高的关键词有"学校体育""青少年""体育教育""足球改革"等，说明校园足球研究的热点主要集中在这几个方面（见表 1.2）。

表 1.2　2008—2023 年校园足球文献关键词和中心度

排名	词频	中心度	关键词
1	256	0.99	校园足球
2	49	0.20	足球
3	14	0.09	中国足球
4	41	0.07	学校体育
5	28	0.06	中国
6	28	0.06	青少年
7	59	0.05	体育教育
8	23	0.05	足球改革
9	6	0.05	体育强国
10	18	0.04	足球文化
11	15	0.03	日本
12	9	0.03	后备人才
13	10	0.03	竞技体育
14	6	0.03	日本足球
15	15	0.03	体教融合

可以看出我国校园足球的主要对象是青少年学生,特别是小学生,我国校园足球活动开展的主要平台就是学校,所以在相关文献中"青少年""体育教育""学校体育"等关键词的出现频率较高。"后备人才""竞技体育"等高频关键词的出现说明校园足球活动除了体育教育的目的外,同样承担着培养竞技后备人才的目的。

3. 校园足球关键词聚类分析

为了能更清楚地分析关键词研究热点的关系,本书对关键词进行了聚类分析和时间线分析,如图1.13、图1.14所示,校园足球既关注学校体育、体育教育,还注重开展过程中的现实困境,进而提出优化对策、优化路径,并且诸多学者将校园足球的研究置于了体育强国的大背景下。从时间趋势上看:在初期,研究者主要集中在校园足球的开展现状、问题以及对策方面;在《体育强国建设纲要》《中国足球改革发展总体方案》等政策出台之后,与足球改革、体教融合等主题相关的研究热度逐渐上升。

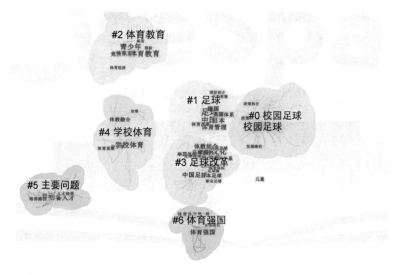

图1.13 2009—2023年我国校园足球研究关键词聚类图谱

校园足球从2008年的现状、问题等基础研究出发,在研究演进过程中,一直与相关热点政策进行结合,如"体教融合"等,这也反映了我国校园足球研究的学者们对于政策的敏感性。

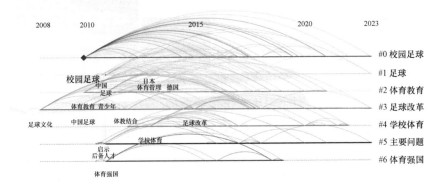

图 1.14　2009—2023 年我国校园足球研究关键词聚类时间线

4. 政策执行突变词分析

在关键词共现图谱分析的基础上,运用"Burstness"方法来检测突变词,以直观地揭示不同时间段出现的新兴领域或手段方法,从而推断前沿研究的发展趋势。图 1.15 展示了创新政策评估的 12 个前沿关键词,据图 1.15 所示,后备人才、培养路径、竞赛体系等在研究中期为热点领域,特色学校和政策执行在中后期成为研究热点问题,而体教融合则是最新的研究热门,校园足球已经朝着助力体教融合的方向发展,成为推动学校体教融合发展的重要抓手。

关键词	年份	强度	开始年份	结束年份	2008—2023
后备人才	2011	4.08	2011	2012	
青少年	2011	2.67	2011	2015	
中国	2011	2.37	2011	2012	
培养路径	2011	1.81	2011	2012	
竞技体育	2012	2.92	2012	2014	
竞赛体系	2012	2.28	2012	2013	
体育文化	2013	2.19	2013	2015	
德国	2014	1.91	2014	2015	
对策	2014	1.71	2014	2021	
特色学校	2018	1.75	2018	2019	
体教融合	2020	6.90	2020	2023	
政策执行	2018	2.92	2020	2021	

图 1.15　前 12 位校园足球突变词

(二)校园足球政策执行偏差的成因的相关研究

1. 基于政策执行过程模型的分析

随着政策执行研究的推进,研究者开始提出各种政策执行过程模型,针对校园足球政策执行过程中所出现的种种问题,部分学者基于这些政策执行过程模型对其进行了分析,试图找出政策执行偏差的成因并提出相应的对策。

姜南在研究中使用了史密斯政策执行过程模型来分析校园足球政策的执行问题,并提出了一系列限制因素。这些问题包括政策体系的限制、执行机制协调不畅、监督评价形式单一、教学与训练水平有待提高、人才培养出路狭窄、竞赛体系不健全、目标群体的自利性、传统的应试教育观念、物质资源匮乏以及人力资源不足。[①] 邱林则运用梅兹曼尼安—萨巴提尔政策执行综合模型,从六个主要变量的角度分析了校园足球政策的执行问题。他认为政策主体消融政策执行目标的一致性,政策执行缺乏明确的因果理论,政策执行机制不畅,利益团体与行政的过度干预以及社会、经济条件的制约是我国校园足球政策执行存在的主要问题。[②] 吕娜和吴明深以法库县校园足球的现状为基础,结合米特—霍恩政策执行系统模型,探讨了校园足球试点县政策执行的意义,并深入分析了校园足球试点县政策执行的制约因素。[③] 来鲁振和部义峰运用了政策执行综合模型对校园足球政策执行的各个因素进行了分析,研究结果显示,我国校园足球问题繁杂,政策体系不完善,师资力量短缺和执行经费不足,执行机构联动不足,责任不明确,这使得目标团体的动力不足、认同度也不高,此外,政策执行环境不利,监督机制及评价体系的不健全也导致了政策执行

---

① 姜南.我国校园足球政策执行的制约因素与路径选择——基于史密斯政策执行过程模型的视角[J].中国体育科技,2017,53(1):3-8,26.

② 邱林.我国校园足球政策执行的主要变量与路径优化——基于梅兹曼尼安—萨巴提尔政策执行综合模型分析[J].体育学研究,2020,34(4):38-45.

③ 吕娜,吴明深.校园足球试点县政策执行的制约因素与路径选择——基于米特—霍恩政策执行系统模型的视角[J].体育成人教育学刊,2018,34(1):46-51.

的阻滞。[①]

2.基于其他视角的分析

邱林提出:校园足球政策执行问题的主要原因是执行组织之间的衔接不畅以及执行人员素质较低,目标群体对收益和成本的遵从存在不合理之处,利益表达渠道也不健全[②];从政府职能的角度分析,我国校园足球发展中存在传统体制壁垒、部门利益藩篱、政策扶持不力、规章制度冲突以及行政干预过度、市场监管缺失等问题。[③] 戴狄夫、金育强在以利益为主线的研究中深入分析了校园足球政策执行难的问题,他们认为,校园足球政策执行的困境归根结底是由于不同利益主体的利益诉求存在冲突[④]。赵明楠、史友宽指出,校园足球的发展面临着一个最大的问题,那就是动力机制。而动力机制的核心则在于利益,对于顶层的校园足球计划,校长和家长不可避免地会以利益为中心进行审视,并进行多重博弈,"利益决定立场,立场决定行动",这是个体和群体最基本的逻辑。[⑤] 张兴泉提出我国校园足球政策执行出现偏差是由于应试教育和学校安全事故规避两个背景制度所带来的阻力制约,他指出,校园足球政策本身提供的激励程度不足是一个主要问题,具体而言,校园足球特色学校的激励不足,基层足球教师的激励不足,以及对足球特色学校的监督不足等方面都存在问题。[⑥] 邱林等提出了"需要·组织·制度"的分析框架,用以分析执行困境的成因,他们认为,政策执行主体和目标群体的需要满足程度会影响政策的执行进程,而基层执行组织和制度的完备程度则直接影响校

---

①　来鲁振,部义峰.综合模型视角下我国校园足球政策的执行[J].湖北体育科技,2019,38(12):1106-1111.

②　邱林.利益博弈视域下我国校园足球政策执行研究[D].北京:北京体育大学,2015.

③　邱林,戴福祥,张廷安.我国校园足球发展中政府职能定位研究[J].武汉体育学院学报,2016,50(6):95-100.

④　戴狄夫,金育强.我国校园足球政策执行的利益辨识与制度规引[J].武汉体育学院学报,2018,52(10):38-43.

⑤　赵明楠,史友宽.论校园足球动力机制:以利益为中心的多重博弈[J].南京体育学院学报,2018,1(10):46-50.

⑥　张兴泉.制度环境视角下我国校园足球政策执行纠偏策略研究[J].沈阳体育学院学报,2020,39(1):88-93.

园足球政策在基层的执行情况。① 据刘宗超和于冬晓的研究,校园足球政策执行偏差的原因可以归结为以下几个方面:首先,政策社群的不稳定性是一个重要因素;其次,府际网络和生产者网络的处境尴尬也会影响政策的执行;再次,专业网络内部存在分歧,而议题网络缺乏话语权;此外,政策社群、府际网络和生产者网络之间存在利益博弈和冲突;最后,府际网络、生产者网络和议题网络都存在一定程度的对抗。② 李卫东、张碧昊、胡洋对我国校园足球政策在近 10 年的演进历程与总体特征、实施成效和存在的问题进行了深入地研究,提出:首先,校园足球政策之间缺乏内在逻辑衔接,整体协同推进受到一定程度的阻碍;其次,政策传导过程中存在差异化反应,执行效果偏离预期;再者,当前的评估机制还不够完善,政策评估的实效性有待提升;最后,基层权益表达渠道不畅,政策调整的内生动力也存在不足。③ 胡用岗和杨成伟采用文献资料法和德尔菲法等方法构建了一个包含 6 个维度和 21 个影响因素的因素集,他们使用 DEMATEL-ISM-MICMAC 方法对校园足球政策执行效果的影响因素进行了定量分析,这是一种基于系统分析的决策试验和评价实验法,结合解释型结构模型和交叉影响矩阵相乘法,通过 DEMATEL 法揭示了各个影响因素的影响程度,并根据它们的中心度和原因度确定了 5 个关键影响因素,分别是政策目标定位、政策认同程度、执行管理机制、协同治理机制和部门利益诉求,这一研究结果为进一步改进和优化政策提供了重要依据。④ 邱林等在体教融合的背景下,采用了实地调查、深度访谈和问卷调查等多种方法,运用制度环境三维度理论分析框架,揭示了我国校园足球政策基层执行阻滞的形成逻辑,研究发现,我国校园足球政策基层执行受到规制、规范和认知 3 个维度复杂的制度环境的影响,从而导致目标

① 邱林,张廷安,浦义俊,等.校园足球政策基层执行的逻辑辨析与治理策略——基于江苏省 Z 县及下辖 F 镇的实证研究[J].上海体育学院学报,2021,45(3):49-59.

② 刘宗超,于冬晓.政策网络视域下我国校园足球政策执行的问题与出路[J].河北体育学院学报,2016,30(4):33-36.

③ 李卫东,张碧昊,胡洋.近 10 年我国校园足球政策:回顾、审思与建议[J].武汉体育学院学报,2022,56(7):84-91.

④ 胡用岗,杨成伟.校园足球政策执行效果关键影响因素研究——基于 DEMATEL-ISM-MICMAC 方法[J].广州体育学院学报,2023,43(2):26-35.

异化、协同乏力和刚性弱化等多种阻滞状态的出现。不同制度维度的影响下,这些阻滞状态的生成逻辑也各有不同,一线执行人员由于晋升存在一定的局限性,往往希望以最小的投入来实现考核标准,而上级官员则将晋升看作是一场竞争来激励基层落实政策内容,这种内在的逻辑悖论成为政策执行阻滞的主要原因之一。①

(三)校园足球政策设计与执行优化相关研究

邱林提出政策执行需要建立共识,明确各政策制定和执行部门的权限与责任,同时逐步开放校园足球政策系统,此外,利益整合也至关重要,可以改进"博弈规则"和"参数条件",尊重各利益群体的诉求,正确引导并合理满足地方执行主体的利益,重新调整校园足球政策的制定与执行组织机构。② 娄方平与向禹呼吁在推行新的校园足球计划时必须确保其紧密结合的现实情况,明确其教育价值,并且在顶层设计与具体操作指导之间找到有效的融合,他们主张建立完善的校园足球实施指导规范内容体系,以促进校园足球在学生生活中的全面融入,使之成为一种习惯。③ 戴狄夫、金育强认为解决问题的关键是着眼于冲突的根源,通过完善相关制度来规范和引导主体行为,从而推动政策的有效执行,在制度的完善方面,可以考虑构建有效的激励制度、完善协同治理制度和强化监督评估制度,另外,加大舆论宣传力度以改变陈旧的思想观念,培育校园足球文化以优化政策执行环境也是重要的措施。④ 柳鸣毅和丁煌采用路线图方法对我国青少年校园足球治理体系进行了研究,认为在青少年校园足球治理体系中,关键指标包括足球组织创建、足球赛事体系、足球技能培训、足球场地器材、足球信息平台、足球文化交流以及足球后备人才的培养。⑤

---

① 邱林,肖辉,浦义俊.体教融合背景下我国校园足球政策基层执行阻滞与治理策略[J].天津体育学院学报,2023,38(6):683-689.

② 邱林.利益博弈视域下我国校园足球政策执行研究[D].北京:北京体育大学,2015.

③ 娄方平,向禹.校园足球实践发展审视:现象、成因与治理[J].武汉体育学院学报,2016,50(3):96-100.

④ 戴狄夫,金育强.我国校园足球政策执行的利益辨识与制度规引[J].武汉体育学院学报,2018,52(10):38-43.

⑤ 柳鸣毅,丁煌.基于路线图方法的我国青少年校园足球治理体系研究[J].武汉体育学院学报,2017,51(1):33-38,46.

张兴泉认为我们需要从两个方面入手:一方面,需要通过背景制度的设计,提高学校获取体育资源的能力,明确学校在安全事故中的责任担当;另一方面,需要提升校园足球政策本身的激励程度。[①] 邱林等认为:要想有效地推进校园足球政策的执行,必须在满足执行主体的合理需要的前提下,不断地完善基层执行组织体系建设,并进行基层制度创新,他们提出了几点建议:完善顶层设计,从战略全局的高度来统筹基层执行体系建设;推动基层组织体系改革,重塑部门间的权力协作秩序;推进基层制度创新,对执行过程中的异化行为进行刚性约束。[②] 李卫东、张碧昊、胡洋针对我国校园足球政策的未来发展,提出以下几点建议:第一,加强政策统筹治理,促进校园足球的系统性和整体性推进;第二,健全政策监督体系,增强校园足球发展的协同效应;第三,建立第三方评估参与机制,提升校园足球政策评估的实效性;第四,推进科研成果的转化应用,并为广大学生提供更好的足球教育资源和发展平台。[③] 邱林等指出:为了有效地推动校园足球政策在基层的执行,必须对监督制度进行创新,从而确保其操作性和实效性;此外,还需要完善基层问责与容错的权力运行机制,在重塑顶层设计与基层实践协作秩序的基础上,促进政府部门与多元主体之间的合作共治;同时,应提高基层主体的认知水平和对政策的认同度,优化政府部门的执行能力和合作形式。这样,相关部门之间原本松散的"象征性协助"关系将转变为荣辱与共的"政绩共同体"关系,我们迫切需要这样一种新的工作模式来推动校园足球事业的发展,让其取得更好的成果。[④]

政策工具作为政策目标与执行效果之间的桥梁,校园足球政策工具的选择与优化成为我国校园足球工作推进所面临的重要问题,众多学者

---

① 张兴泉.制度环境视角下我国校园足球政策执行纠偏策略研究[J].沈阳体育学院学报,2020,39(1):88-93.

② 邱林,张廷安,浦义俊,等.校园足球政策基层执行的逻辑辨析与治理策略——基于江苏省Z县及下辖F镇的实证研究[J].上海体育学院学报,2021,45(3):49-59.

③ 李卫东,张碧昊,胡洋.近10年我国校园足球政策:回顾、审思与建议[J].武汉体育学院学报,2022,56(7):84-91.

④ 邱林,肖辉,浦义俊.体教融合背景下我国校园足球政策基层执行阻滞与治理策略[J].天津体育学院学报,2023,38(6):683-689.

针对校园足球政策工具进行了深入地分析并提出了相应的优化建议。在郑志强和郑娟的建议中,强调要适当降低对环境型政策工具的使用频率,并注重加强内部均衡①,他们建议逐步增大供给型和需求型政策工具在校园足球各要素层面的使用强度,并多方位选择政策工具,注重校园足球的文化建设和对外交流。谭利等则提出,应优化校园足球政策工具的类型结构,充分发挥多种工具的效能,他们强调应积极创新和采用新的政策工具,避免过度使用权威工具,此外,还应增加能力建设工具和象征性与劝诫性工具在各政策领域的使用强度,并积极引入激励工具和自愿性工具,推进"政府主导,多元参与"②的模式。另外,王大鹏等人提出应增强校园足球需求型政策工具的使用频率,加大校园足球文化体系政策工具的运用强度,促进校园足球体系机制政策工具的有效衔接,并完善校园足球监督和评价机制政策工具的体系构建。③ 这些学者们的建议都着重强调了在校园足球发展中合理使用各种政策工具的重要性,并提出了不同的改进方案以推动校园足球的长远发展。

三、小结

以上这些研究为我们梳理校园足球政策执行过程中的偏差与问题提供了较大的帮助。在问题成因方面,已有研究主要从政策执行过程视角和利益博弈、政府职能、政策网络等视角对其进行了解释。政策执行过程视角借助过程模型来探讨执行过程中各个环节所存在的问题,其分析结果切实反映出了校园足球政策执行中一些困境与问题。然而,依据政策目标、政策环境、政策资源、政策执行主体、政策执行客体等分析框架所得出的结论仅指出了各执行环节与理想状态之间的差距,虽为政策研究者指引了一个方向,但对问题形成的机理却较少涉及,故难以据此提出较为可行的应对之策。利益博弈视角的相关研究则基于主体利益矛盾和冲突

① 郑志强,郑娟.中国校园足球政策工具分析[J].武汉体育学院学报,2016,50(4):5-11.

② 谭利,于文谦,吴桐.我国校园足球政策选择的特征解析及优化策略[J].体育学刊,2020,27(1):87-92.

③ 王大鹏,姜明金,李国强,等.我国校园足球改革中的政策工具选择与优化研究[J].沈阳体育学院学报,2020,39(2):48-57,67.

的客观必然性解释政策执行偏差问题,虽可以帮助我们理解政策执行主体的最重要的行为动力,但它却忽视了其利益博弈行为的制度环境,对制度逻辑研究不足,同时将政策执行主体当作完全的理性经济人,忽视了其社会人、文化人的一面,未将执行主体的价值取向作为其重要的行为选择动力,从而导致其解释力度有限。政策网络视角分析是将政策执行看成是一个完整的系统,对系统中的每个子因素进行利益分析,同样忽视了制度逻辑和政策执行者的价值取向,并且该视角主要探讨的是网络中横向的利益关系,而在政策执行过程中,执行的偏差层层升级,其中一个重要的原因是各层级利益主体之间也同样存在着利益偏好的差异。从政府职能视角出发探讨政策执行偏差问题,更多的是在中间层次解释问题的产生,无法清晰地阐释各执行主体偏差行为的产生根源。而基于政策工具的政策设计优化研究,大部分研究仅仅从政策文本自身出发探讨政策工具的选择与使用,对于政策执行过程中出现的实际问题解释力不足,同时也难以提出有效的对策。

基于以上所述可见,在偏差行为产生机理方面尚待进一步探讨,从而更为有力的解释政策执行过程中的象征性执行、变通性执行等政策偏离现象,并据此提出相应的治理对策。

第四节　研究概念、研究思路与研究方法

一、研究概念

(一)校园足球政策

本书将校园足球政策定义为为了推动校园足球发展中央政府和各个部委出台的关于校园足球发展指导思想、发展目标、主要任务的一系列政策知识体系和实践运行体系。研究所涉及的政策文本是由中央人民政府(国务院)和国务院各个部委发布的相关通知、意见或办法等,不包含各地方政府和部门发布的通知。

(二)政策执行偏差

本书将政策执行偏差定义为政策在执行过程或结果方面由于客观因素和基层政府的行为目标和行为方式偏差所导致的政策绩效部分或者完全偏离政策预期目标,并由此所产生的一系列相应社会问题的一种政策现象。

二、研究思路

"制度逻辑"为我们研究政策执行偏差行为的发生提供了有效的分析框架,"制度逻辑"可以较好地解释"组织环境如何影响组织行为"这一问题,在制度逻辑的研究结构中,组织环境由多种不同的制度组成。每个制度都具有自己独特的实践体系和符号体系,通过这些实践和符号体系,制度逻辑对组织的行为方式产生影响和制约。场域中的秩序会受到多种核心制度的影响,而每种制度都有自己的核心逻辑。[1] 在校园足球政策执行场域中,政策执行者受到国家逻辑、科层逻辑、社会逻辑等多元逻辑的规制与规范,他们相互影响,相互竞争,共同形塑政策执行者的行为策略。但是政策执行者并非完全被动的接受制度逻辑的支配,而是各自有着不同的价值取向与利益偏好,他们不断地在政治议题与行政任务之间对各项政策进行重新定性,并在不同的政治与行政环境中选择不同的执行策略来实现价值认同并获取利益。[2] 校园足球顶层设计经过各级教育行政部门、学校层层变通,因此导致政策执行偏差与扭曲,也正是由于政策执行者所存在的价值、利益的差异,各地区、各学校表现出不同的政策执行策略与绩效。故本书基于制度逻辑视角结合政策执行者的利益诉求与价值取向,探讨校园足球政策执行主体的行为选择与执行偏差,并提出相应的治理对策。

---

① 徐蕾,严毛新.多重制度逻辑视角下中国高校创业教育的演进[J].教育发展研究,2019(3):41-47.

② 庄文嘉.在政治与行政之间:我国基层劳动监察运作中的选择性政策执行——对某地级市劳动部门的个案研究[J].广东行政学院学报,2010,22(4):26-30,45.

三、研究方法

文献资料研究法：通过对国内外相关理论和研究的归纳与分析，结合对我国校园足球政策执行过程及问题的观察，提取和概括校园足球政策执行过程中的问题。

逻辑分析法：通过逻辑演绎等分析方法，对我国校园足球政策的执行特点和存在的问题进行了深入地分析。在这一过程中，运用辩证推理，将我国校园足球政策执行的偏差问题置于多元制度环境下进行了系统的考察和分析。

实地调研法：前往浙江湖州、浙江杭州、湖南岳阳等地进行实地调研，从而更为清晰的了解学校关于校园足球的行为选择逻辑以及校园足球政策的执行实效。

制度分析法：运用制度分析作为研究工具，以制度经济学的观点来解读政策执行的偏差问题，并重点关注校园足球政策执行中的偏差。该研究方法主要从制度的角度出发，探讨多重制度逻辑对政策执行偏差的影响。通过考察各种制度因素，我们希望能够深入地分析政策执行中存在的问题，并提供可行的解决方案。

四、技术路线

本书针对校园足球政策执行中存在的偏差问题，重点关注基层部门和学校在政策执行过程中的行为选择、治理场域以及制度环境研究，通过分析，试图阐释校园足球政策执行偏差产生的机理并提出相应的对策，具体的研究过程主要分为三个步骤（技术路线如图 1.16 所示）。

第一步，为本书构建研究框架，并提出关键的研究问题。通过系统地整理和综述已有的文献资料，为研究提供基础素材，并进一步发展本研究的核心概念。在此基础上，制定研究方案，明确研究思路，总结出本书需要探讨的主要议题。

第二步，构建理论分析的框架，选择恰当的理论作为本书分析的基础，这些理论包括制度逻辑理论、组织制度理论等，由此本书拟构建了"制度逻辑—利益诉求—价值认知"的分析框架统领本书需要研究的内容；系统分析基层部门和学校在校园足球政策执行过程中的行为选择逻辑,并进一步总结导致校园足球政策执行偏差行为的根本原因。

第三步,以研究问题为导向,分别从政策制定、政策执行两个层面为优化我国校园足球政策执行提供可行的思路与方向。总结上述研究结果,提炼出研究结论。最后,探讨本书存在的不足和可以拓展的研究方向。

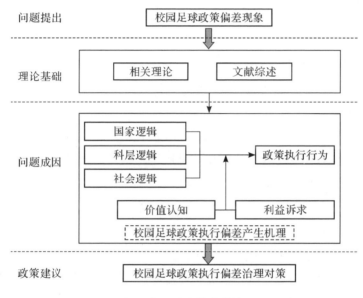

图 1.16 本书技术路线

五、研究框架

本书一共分为七章。

第一章从校园足球政策执行偏差问题的现象出发,确定研究问题和研究对象——"政策执行偏差的形成机制",并在此基础上提出研究的主要目的、研究思路和研究方法等。

第二章将校园足球的政策演进划分为三个阶段,并归纳其各自特征;并从健康、教育以及足球事业发展三个方面论述了校园足球的价值与意义。

第三章论述校园足球政策执行场域的制度逻辑,场域中的秩序会受到多种核心制度的影响,而每种制度都有自己的核心逻辑①,在校园足球政策执行场域中,政策执行者主要受到国家逻辑、科层逻辑、社会逻辑等多元逻辑的制约,他们相互影响,相互竞争,共同形塑政策执行者的行动。本章探讨了国家逻辑、科层逻辑和社会逻辑的主要特征以及校园足球场域中各制度逻辑对政策执行主体的影响与制约。

第四章侧重校园足球政策执行主体的价值取向与利益诉求,校园足球政策执行主体各自有着不同的价值取向与利益诉求,他们不断地在政治议题与行政任务之间对各项政策进行重新定性,并在不同的政治与行政环境中选择不同的执行策略②,由此导致政策执行偏差与扭曲。故本章分析了政策执行主体的利益诉求与价值取向,及其利益冲突、价值冲突产生的原因。

第五章聚焦校园足球政策执行主体的行动策略与执行偏差现象,多种因素致使校园足球政策执行场域科层逻辑得以盛行,科层制在一定程度上推动了政策的高效执行,同时也带来了许多问题,个人和部门都在追求自身利益的最大化,其行动策略取决于政策的重要性、信息的不对称性程度,以及中央政府给予地方和学校的激励程度等③,由此形成了三种策略:积极、避责、邀功。并基于此导致了象征性执行、选择性执行、政策执行扩大化以及政策执行的功能异化等政策执行偏差现象。

第六章从政策制定的科学性和政策执行的有效性两个方面,提出了校园足球政策执行偏差的治理对策。

第七章主要总结梳理了本书的脉络、结论,以及研究局限与未来展望。

---

① 徐蕾,严毛新.多重制度逻辑视角下中国高校创业教育的演进[J].教育发展研究,2019(3):41-47.

② 庄文嘉.在政治与行政之间:我国基层劳动监察运作中的选择性政策执行——对某地级市劳动部门的个案研究[J].广东行政学院学报,2010,22(4):26-30,45.

③ 杨宇,陈丽君,周金衢.制度逻辑视角下基层政策执行"偏差"的形成机制——基于产业扶贫政策执行悬浮的分析[J].公共管理学报,2023,20(3):39-52,167.

第二章　校园足球的政策演进历程与价值意义

第一节　校园足球的政策演进历程

一、起步阶段

在 2009 年以前,"校园足球"一直是以"学校足球"或"青少年足球"的名义存在。尽管一些学校体育或足球发展相关政策中涉及了校园足球的内容,但并没有独立的校园足球发展政策出台(见表 2.1)。此外,很多与学校足球相关的政策也没有得到落实,这导致了校园足球工作无法有效推进,在这个时期,校园足球一直面临着许多困难和挑战。

表 2.1　起步阶段校园足球主要相关政策文件

政策颁布日期	政策文件
2009-04-14	《关于开展全国青少年校园足球活动的通知》
2012-10-22	《关于进一步加强学校体育工作若干意见的通知》
2013-02-18	《关于加强全国青少年校园足球工作的意见》
2014-03-25	《教育部办公厅关于组织开展中小学校园足球工作专项调研的通知》
2014-12-31	《关于做好全国青少年校园足球特色学校及试点县(区)遴选工作的通知》

2009年，中华人民共和国国家体育总局和教育部联合印发了《关于推动全国青少年校园足球活动的通知》，这一重要文件首次在国家层面正式提及了校园足球，这是我国校园足球政策的实施起点。随后的几年里，虽然没有出台更多的与校园足球相关的国家层面的正式文件，但每年仍会发布青少年校园足球比赛的通知，并举办座谈会进行研讨，以确保校园足球的重要性得到充分地认识和关注。2012年，国务院办公厅发布了一份名为《关于进一步促进学校体育工作的意见》的通知，明确将校园足球作为阳光体育运动的重要组成部分，并将其作为体育与健康课程实施的重要支持。2013年，国家体育总局和教育部联合颁布了一份名为《关于加强全国青少年校园足球工作的意见》的文件，这是两部委针对全国青少年校园足球活动下发的第二个文件，相比于2009年《关于推动全国青少年校园足球活动的通知》，如今的《意见》更为具体，是两部委结合过去三年全国青少年校园足球活动在开展过程中遇到的种种困难做出的有针对性的安排，充分说明两部委对校园足球过去三年工作的肯定以及对未来工作的重视和关心。这次的《意见》一共涵盖了20个方面，其中既有诸如提升各地校园足球活动重视程度、增强校园足球文化氛围等在内的大方向上的要求，也有诸如将教师课余时间组织足球比赛、训练的工作纳入工作量、考核量，以及提升校聘教练员待遇等很具体的方面，可以说是做到了注重细节，着力解决校园足球活动发展至今多层次、多角度的问题。[1]该文件强调了提高校园足球活动质量和水平的重要性，明确了校园足球在学校体育中的重要角色，并提出了具体的要求，为校园足球工作进一步指明了方向。为了进一步推进校园足球事业的普及，2014年11月，时任副总理刘延东在全国青少年校园足球电视电话会议上强调了校园足球的重要性，这次会议为青少年健康成长和足球事业的振兴奠定了坚实的基础。[2]随后，教育部办公厅颁布了《关于做好全国青少年校园足球特色学

---

① 国家体育总局政府网站.相关文件出台为全国青少年校园足球护航[EB/OL].(2013-03-06)[2024-02-08].https://www.sport.gov.cn/n20001280/n20745751/n20767277/c21482326/content.html.

② 加快普及校园足球为青少年健康成长和足球振兴奠定坚实基础：国务院副总理刘延东在全国青少年校园足球工作电视电话会议上的发言（摘登）[J].中国学校体育,2015,35(1):6-8.

校及试点县(区)遴选工作的通知》,在全国遴选建设一批校园足球特色学校和校园足球试点县(区),旨在通过特色学校及试点县(区)遴选,树立一批校园足球教育教学工作先进典型,推动广大中小学全面普及校园足球,满足学生足球学习的需求,这一文件的出台标志着教育部办公厅接替体育总局成为校园足球的主管部门,这有助于加快推进校园足球训练竞赛体系和足球后备人才培养体系的建设。[①]

这一阶段前期虽然颁布了不少校园足球活动实施的相关措施和要求,但大多为校园足球活动的通知,层次不够高,涉及内容也较少,政策的核心议题主要集中在"校园足球竞赛"方面。在教育部门接手校园足球后,政策议题逐渐扩大,重点关注"普及推广""立德树人"和"学校体育改革"等几个方面,并开始创建足球特色学校、试点县(区)和"满天星"训练营。为了保障校园足球的顺利开展,还有一系列举措,包括加强师资队伍建设、为学校提供经费支持、修建足球场地。

二、发展阶段

基于政策体系基本完善的前提,校园足球正在逐步进入注重质量提升和内涵发展的阶段。2015 年 1 月,教育部等六个部门成立了全国青少年校园足球工作领导小组,统筹协调全国范围内的校园足球工作。同年 7 月,教育部等六个部门共同颁布了《关于加快发展青少年校园足球的实施意见》(简称《意见》),《意见》指出,校园足球的工作目标是到 2020 年基本建成中国特色青少年校园足球发展体系。其中,在普及程度大幅提升这项目标之下,具体目标是支持建设 2 万所左右青少年校园足球特色学校,2025 年达到 5 万所,重点建设 200 个左右高等学校高水平运动队。《意见》指出,发展校园足球的重点任务有 5 项,分别是:提高校园足球普及水平、深化足球教学改革、加强足球课外锻炼训练、完善校园足球竞赛体系、畅通优秀足球苗子的成长通道。《意见》还提出了发展校园足球的六大保障措施,包括加强师资队伍建设、改善场地设施条件、健全学生参

---

① 教育部办公厅关于做好全国青少年校园足球特色学校及试点县(区)遴选工作的通知[J].校园足球,2015(2):8-10.

与足球激励机制、加大经费支持力度、完善安全保险制度和鼓励社会力量参与。[1] 此外,2016 年,教育部办公厅发布了《关于组织开展加快发展青少年校园足球重点督察工作的通知》,开始实施校园足球督察制度。同年,《国家中长期足球发展规划(2016—2020 年)》明确了"十三五"时期校园足球普及行动的发展纲领,建设场地设施是《规划》的重要内容,"加大校园足球运动场地建设力度。每个中小学足球特色学校均建有 1 块以上足球场地,有条件的高等院校均建有 1 块以上标准足球场地,其他学校创造条件建设适宜的足球场地。提高学校足球场地利用率,加快形成校园场地与社会场地开放共享机制"。培养足球文化也是《规划》中的一项内容,《规划》在近期目标(2016—2020 年)中提出,"校园足球加快发展,全国特色足球学校达到 2 万所,中小学生经常参加足球运动人数超过 3000万人"。在中期目标(2021—2030 年)中提出,"校园足球、社会足球、职业足球体系有效运行"[2]。《全国足球场地设施建设规划(2016—2020 年)》要求到 2020 年全国各地和学校建设 4 万块校园足球场地。[3] 2018 年,教育部发布了《关于加强全国青少年校园足球特色学校建设质量管理与考核的通知》,根据对 2015 年、2016 年认定的全国青少年校园足球特色学校建设质量情况的复核,全国青少年校园足球工作领导小组办公室决定取消 8 所学校的全国青少年校园足球特色学校资格,责令 29 所全国青少年校园足球特色学校限期整改。通知还明确了日常监管主体和监管责任。按照全国校足办的统一部署,各省级青少年校园足球工作领导小组办公室依据属地管理原则,负责本地区全国青少年校园足球特色学校建设质量的日常指导和监管,对全国青少年校园足球特色学校和本地区命名的省级校园足球特色学校进行统筹管理、指导和监督。地方教育行政部门要把推进校园足球特色学校质量建设情况作为考核校园足球特色学校校长的重要依据。[4] 从 2015 年到 2018 年,教育部与其他相关部门共

---

① 教育部等 6 部门关于加快发展青少年校园足球的实施意见[J].青少年体育,2015(9):1-3.

② 国务院办公厅.中国足球改革发展总体方案[Z].国办发〔2015〕11 号,2015-03-18.

③ 全国足球场地设施建设规划:2020 年足球场地超 7 万块[J].教育家,2016(21):24.

④ 教育部办公厅关于加强全国青少年校园足球特色学校建设质量管理与考核的通知[J].校园足球,2018(3):28-29.

同合作,积极推动校园足球特色学校的选拔和评估工作,在这期间,还试点了改革试验区和"满天星"训练营,并为培养师资队伍提供了专门的培训,还广泛开展了各类校园足球赛事和全国青少年校园足球选拔赛,并发布了《全国青少年校园足球教学指南(试行)》和《学生足球运动技能等级评定标准(试行)》等重要文件。通过多年的转型发展,校园足球逐步建立了普及推广、教学训练、竞赛、样板、荣誉、一体化推进、科研和宣传引导等八大体系。同时,各地方体育局、教育局和政府办公厅也陆续发布了一系列与校园足球相关的政策文件,以促进校园足球的发展(见表 2.2)。在实际操作中,根据地方实际情况制定并颁布了相应的政策,积极推进了校园足球的发展,并设立了保障机制,举办了多种形式的校园足球赛事活动。

表 2.2　发展阶段校园足球主要相关政策文件

政策颁布日期	政策文件
2015-01-15	《教育部办公厅关于做好全国青少年校园足球特色学校及试点县(区)遴选工作的通知》
2015-01-26	《教育部关于成立全国青少年校园足球工作领导小组的通知》
2015-06-02	《教育部办公厅体育总局办公厅中央电视台关于印发〈2015 年"谁是球王"青少年校园足球竞赛活动规程〉的通知》
2015-06-12	《教育部办公厅关于开展全国青少年校园足球骨干师资国家级专项培训的通知》
2015-07-19	《教育部关于公示 2015 年全国青少年校园足球特色学校及试点县(区)遴选名单的通知》
2015-07-27	《教育部等 6 部门关于加快发展青少年校园足球的实施意见》
2015-08-25	《教育部关于公布 2015 年全国青少年校园足球特色学校及试点县(区)名单的通知》
2016-03-19	《教育部办公厅关于做好 2016 年全国青少年校园足球特色学校及试点县(区)遴选工作的通知》
2016-04-11	《关于印发中国足球中长期发展规划(2016—2050 年)的通知》

续表

政策颁布日期	政策文件
2016-04-28	《教育部办公厅关于组织开展加快发展青少年校园足球重点督查工作的通知》
2016-06-07	《教育部关于公示 2016 年全国青少年校园足球特色学校及试点县(区)遴选结果名单的通知》
2016-06-30	《教育部办公厅关于印发〈全国青少年校园足球教学指南(试行)〉和〈学生足球运动技能等级评定标准(试行)〉的通知》
2016-07-04	《教育部关于公布 2016 年全国青少年校园足球特色学校及试点县(区)名单的通知》
2016-07-18	《教育部办公厅关于开展 2016 年全国青少年校园足球骨干师资国家级专项培训的通知》
2017-03-09	《教育部办公厅关于加强全国青少年校园足球改革试验区、试点县(区)工作的指导意见》
2017-04-01	《教育部办公厅关于做好 2017 年全国青少年校园足球特色学校与试点县(区)遴选工作的通知》
2017-04-01	《教育部办公厅关于印发〈全国青少年校园足球工作领导小组第二次会议纪要〉的通知》
2017-04-20	《教育部办公厅国家外国专家局办公室关于组织申报聘请校园足球外籍教师支持项目的通知》
2017-05-24	《教育部办公厅关于做好全国青少年校园足球特色学校复核的通知》
2017-07-17	《教育部关于公布 2017 年全国青少年校园足球特色学校及试点县(区)名单的通知》
2017-10-17	《关于同意设立全国青少年校园足球改革试验区的函》
2017-12-21	《教育部办公厅关于召开全国青少年校园足球工作领导小组第三次会议的通知》
2018-02-13	《教育部办公厅国家外国专家局办公室关于组织申报聘请校园足球外籍教师支持项目的通知》
2018-02-22	《教育部办公厅关于组织开展全国青少年校园足球教练员国家级专项培训的通知》
2018-04-04	《教育部办公厅关于加强全国青少年校园足球特色学校建设质量管理与考核的通知》

政策颁布日期	政策文件
2018-04-04	《教育部办公厅关于做好全国青少年校园足球特色学校、试点县（区）创建（2018—2025）和 2018 年"满天星"训练营遴选工作的通知》

三、深化阶段

2019 年是全国青少年校园足球工作承前启后的关键之年，2019 年印发了《全国青少年校园足球工作领导小组关于做好 2019 年校园足球工作的通知》，旨在进一步推动校园足球事业的发展，《通知》提出了加大资金投入、补充师资以及完善校园足球八大体系建设的措施，以确保校园足球的持续进步，这一系列措施的实施吸引了更多的力量参与校园足球发展，为校园足球开启了崭新的篇章。[①] 同年，还发布了一则名为《关于启动足球特色幼儿园试点计划的通知》，旨在推进幼儿校园足球事业，以加强校园足球的普及和基础建设工作，该计划为开展幼儿校园足球工作提供了指导和支持。[②] 2019 年，教育部举行新闻发布会，发布《全国青少年校园足球工作报告（2015—2019）》，《报告》梳理了推进校园足球工作的总体思路、主要进展和下一步举措。会议指出，校园足球改革发展的"四梁八柱"基本建成，"内部装修"已全面开启。要努力把校园足球打造成为中国足球改革发展的奠基工程、立德树人的育人工程和新时代全面推进学校体育综合改革的探路工程。2020 年，经过国务院的批准，体育总局和教育部提出了关于体教融合的重要意见，尽管文件中未直接提及校园足球项目，但却强调了体育与教育的融合，并将学校体育提升到了更高的层次，这无疑对推动校园足球活动的开展起到了促进作用。同年，教育部等七个部门发布了《全国青少年校园足球八大体系建设行动计划》的通知。这一通知明确强调了巩固和完善校园足球工作制度的体系，进一步推进了青少年校园足球工作治理体系与治理能力的现代化，该计划提出了许多

---

① 全国青少年校园足球工作领导小组关于做好 2019 年校园足球工作的通知[J].校园足球,2019(4):8-11.

② 教育部办公厅关于开展足球特色幼儿园试点工作的通知[J].校园足球,2019(4):4-5.

新的目标和任务,为校园足球的发展指明了方向。[①] 2020 年 10 月,中共中央办公厅、国务院办公厅共同发布了《关于全面加强和改进新时代学校体育工作的意见》,这一重要文件强调了校园足球的发展需要通过加强体育教学、完善竞赛体系和人才培养体系来实现,可以说,在我国历史上,这是对学校体育事业发展提出的最高级别的指导性文件之一。[②] 2024 年 2 月 2 日,教育部等七部门发布的《关于加强和改进新时代青少年校园足球工作的实施意见》提出转变教学观念,推动教学改革,优化足球课堂教学结构,探索符合足球运动项目规律的教学模式。改进教学评价方法,将评价导向从教师教了多少转向教会多少,从完成课时数量转向保证教学质量。《实施意见》还提及加强校园足球教研工作,鼓励地方建立校园足球名师工作室,并将足球教研纳入各级体育教研员的重要工作内容之中。保障体育教师或教练员在评优评先、工资待遇、职称评定、职务评聘等方面与其他学科教师享受同等待遇。《实施意见》鼓励各级各类学校开展校际友谊比赛,积极参加校园足球四级联赛和中国青少年足球联赛,成立全国青少年校园足球纪律委员会,严防弄虚作假、球场暴力、消极比赛等违纪行为,将校园足球比赛作为培养学生规则意识和道德规范的有效途径。强化校园足球管理人员党风廉政建设,对腐败现象"零容忍",营造风清气正的校园足球发展环境。2024 年 3 月 25 日,国家体育总局官方网站发布了体育总局等十二部门印发的《中国青少年足球改革发展实施意见》,《意见》提出的我国青少年足球发展远景目标令人振奋,如"到 2030 年,青少年足球人口大幅增加,男、女足青少年国家队成绩位居亚洲前列""到 2035 年,青少年足球国家队在国际重要赛事中取得优异成绩,为中国足球全面振兴提供有力支撑"等。《意见》中关于"设置足球运动专业并列入高校本科(专科)专业目录,支持和鼓励有条件的学校建设足球学院""研究论证体校和普通本科'3+4'贯通培养机制""有序扩大高校特别是'双一流'高校足球高水平运动队招生规模,建立小学、初中、高中、大学相互衔接的'一条龙'升学体系"等表述,受到不少学校和家长的高度关注。

---

① 教育部等七部门关于印发《全国青少年校园足球八大体系建设行动计划》的通知[J].校园足球,2020(9):4-11.

② 关于全面加强和改进新时代学校体育工作的意见[J].西藏教育,2020(12):3-5.

《中国青少年足球改革发展实施意见》与《关于加强和改进新时代青少年校园足球工作的实施意见》两个《意见》的内容有很大的重合性，但牵头单位分别是国家体育总局和教育部。这一阶段，校园足球作为一项体育运动，得到了国家层面的进一步重视。这些政策文件涵盖了越来越多的领域，并具有不断扩大的影响力（见表2.3）。国家和地方针对校园足球发布的政策数量不断增加，涉及领域也更加广泛，目标导向与实际问题相结合，设计更加完善，执行中能够发挥最大的效益。这些政策文件从最初只有单一主体的政策文件到现在拥有多元主体的政策文件——相关文件通常由多个部委联合发布，为校园足球的跨部门协调提供了依据和指引。政策框架体系也在不断完善，考虑到了多方的利益，从多个方面促进了校园足球向全面、可持续和协调发展的方向迈进。国家层面的校园足球政策出台后，在各个省市也得到了迅速地响应，并制定了相应的地方性政策文件，推动了校园足球政策的快速落地。

表 2.3　深化阶段校园足球主要相关政策文件

政策颁布日期	政策文件
2019-01-25	《教育部办公厅关于继续开展全国青少年校园足球师资国家级专项培训的通知》
2019-04-03	《教育部办公厅关于开展足球特色幼儿园试点工作的通知》
2019-04-03	《全国青少年校园足球工作领导小组关于做好 2019 年校园足球工作的通知》
2019-05-20	《教育部办公厅关于开展 2019 年全国青少年校园足球特色学校、试点县（区）和"满天星"训练营创建工作的通知》
2019-05-29	《教育部办公厅科技部办公厅关于组织申报校园足球外籍教师支持项目的通知》
2019-07-04	《教育部办公厅关于组织开展 2019 年度全国青少年校园足球师资和教练员国家级专项培训的通知》
2021-03-26	《关于做好 2021 年全国青少年校园足球联赛（大学组）承办工作的通知》
2021-03-26	《关于遴选全国足球特色幼儿园示范园的通知》
2021-03-26	《关于进一步做好校园足球工作年度优秀评选活动的通知》

续表

政策颁布日期	政策文件
2021-03-26	《关于进一步做好全国足球特色幼儿园有关工作的通知》
2021-04-13	《关于开展第二批全国足球特色幼儿园示范园试点工作的通知》
2021-04-27	《关于做好 2021 年全国青少年校园足球夏令营系列活动承办工作的通知》
2021-04-27	《关于开展 2021 年全国青少年校园足球夏令营系列活动的预通知》
2021-07-30	《教育部办公厅关于开展 2021 年全国青少年校园足球特色学校、试点县(区)、"满天星"训练营和改革试验区申报工作的通知》
2022-04-18	《教育部办公厅关于组织开展全国青少年校园足球师资国家级专项培训的通知》
2022-05-09	《教育部办公厅关于继续组织开展全国青少年校园足球教练员国家级专项培训的通知》
2023-07-20	《教育部办公厅关于举办 2023 年全国青少年校园足球夏令营活动的通知》
2024-02-02	《教育部等七部门关于加强和改进新时代青少年校园足球工作的实施意见》
2024-03-05	《中国青少年足球改革发展实施意见》

第二节　校园足球的价值与意义

一、健康价值

强壮的身体是培养青少年人才的关键要素之一,因为身体健康是支撑一切活动和发展的基础。体育运动作为一种积极的、全面的身体锻炼方式,对于促进青少年身体健康具有不可替代的价值。根据《国家中长期教育改革和发展规划纲要》的要求,我们要在教育中坚持以健康为首要的指导思想,坚决加强青少年体育工作,将提高学生身体素质作为学校教育的核心目标和重要评价内容。[①] FIFA《足球与健康》杂志指出："足球项目是对身体健康最好的'守护者',根据推荐标准,每周进行三次持续 1 小时的足球活动可以有效促进身心健康。"对于青少年来说,踢足球可以促进骨骼生长,青少年正处于身体快速发育的阶段,在这个阶段,青少年的骨骼对负荷刺激非常敏感,足球锻炼通过负荷刺激促进骨细胞的增殖,足球运动还可以促进新陈代谢,加速血液循环,为骨骼提供更多的营养物质,从而促进骨骼的健康发育,提高骨密度以及骨骼的抗压能力,预防骨质疏松症的发生,与那些踢球较少或从事其他运动项目的青少年相比,经常踢足球的青少年腿部骨骼的骨密度明显要高许多。足球运动还是一项涵盖全身的综合性运动,它要求运动员在比赛中进行急停转身、变向和加速等动作,对个体的耐力、速度和力量提出了一定的要求,通过系统的足球训练,青少年的协调性、敏捷性、耐力和力量都能得到有效的提升,耐力和力量的增强必然会导致肌肉的发育和增长,因此足球锻炼对于促进肌肉的发育具有积极的作用。世界卫生组织将缺乏锻炼导致的肥胖列为冠状动脉疾病的主要促发因素,足球比赛是一种很好的干预方式,参与者在 30 分钟的比赛中可以以 70％ 的最大心率水平运动,这种高强度的运动状态有效提高了体内的新陈代谢水平,从而实现了减肥的目标。还有研究显示,每 15 分钟的足球运动就可以消耗 110 至 200 千卡的热量,比跑步、攀岩、网球等其他运动项目更加有效。因此,足球运动可以作为一种控制体重或减肥的有效方式。[②] 除了减肥效果,参与足球锻炼还能显著增强机体对各类疾病的抵抗力,根据世界心脏研究基金会的研究,踢足球可以有效降低患心脏病、中风、癌症、高血压等疾病的风险。这证明足球运动不仅对身体健康有益,还是预防常见疾病的一种有效途径。[③]。

二、教育价值

校园足球的教育价值是足球教学对青少年学生所呈现出的教育意

---

①　国务院.国家中长期教育改革和发展规划纲要(2010－2020 年)[Z].2010-07-29.

②　侯学华.全国青少年校园足球活动价值定位与推广策略研究[D].北京:北京体育大学,2011.

③　侯学华.全国青少年校园足球活动价值定位与推广策略研究[D].北京:北京体育大学,2011.

义,《中国足球改革总体方案》重点强调发挥校园足球的育人功能,具体表现为"落实立德树人根本任务、培育和践行社会主义核心价值观的重要举措,促进青少年身心健康,体验、适应社会规则和道德规范的有效途径"①。

足球项目将德育、智育、体育、美育融为一体,是一种综合性的教育手段,通过培养学生的人格品质并发挥体育的综合作用,校园足球可以培养全面发展的学生,为社会主义建设和中华民族的伟大复兴贡献力量。校园足球活动是一项阳光体育活动的绝佳选择,足球具有吸引青少年主动参与的特点,并且给予他们欢乐,帮助他们养成良好的足球锻炼习惯。参与足球活动不仅对身体健康有益,还培养了青少年的自我控制能力、责任感、意志品质和集体意识,从而使他们终身受益。作为德育过程的一部分,青少年德育的培养不仅涉及学生对道德品质的认知和个人内化的发展,更体现在个人道德品质透过实践行为在社会道德上的表现。足球蕴含的坚持、创新、团队合作、协调、互助、分享、尊重、竞争等特点,在个人和集体层面上具有深刻的教育意义,可以说,"足球教育即人生教育"。FIFA 主席布拉特对中国的校园足球活动所具有的素质教育价值进行了高度概括:"在学校开展集体项目,如足球,可以让孩子们学习遵守纪律和尊重他人,有人可能成为中国的足球明星,而其他人则有机会成为优秀的中国人。"足球比赛强调团队合作和纪律性,这有助于培养学生的集体主义精神和自律能力。同时,学生在比赛中需要遵守规则、尊重裁判和对手,这有助于培养他们的诚信和公平竞争意识。足球比赛的规则、过程、结果以及训练和战术配合等方面都会对青少年有相应的影响,久而久之,足球将对他们的个性品质和团队凝聚力产生积极的影响。可以说,足球比赛的胜利与失败不足以与足球运动对提升人性和社会价值的意义相提并论,从培养未来公民和鼓励年轻人融入社会的角度看,足球运动是一种重要的支持手段。校园足球运动作为素质教育的绝佳载体,在传递尊重、团结、互助和分享等价值观方面发挥着重要作用。它能够有效地促进参与者的智慧发展,足球运动需要具备较高的思维敏捷性和决策能力,这有

---

① 国务院办公厅.中国足球改革发展总体方案[Z].国办发〔2015〕11 号,2015-03-18.

助于提高学生的反应速度和判断力。同时,足球比赛需要队员具备全局观念和策略规划能力,这有助于培养学生的观察力、分析力和解决问题的能力。校园足球还可以培养学生的审美能力,足球比赛具有丰富的艺术性和观赏性,无论是球员的精湛技艺还是团队的默契配合,都展现出一种美的境界。在足球比赛中,运动员们展现出强健的身体和卓越的技能,演绎着令人动容的运动之美,观众们不仅仅是被比赛的激烈程度所吸引,同时也被运动员们卓越的技巧和完美的体格所折服,通过欣赏足球比赛,学生可以感受到美的力量,能够提高自己的审美能力和艺术修养,培养对美的追求和创造美的能力。

校园足球运动有着无可比拟的教育价值,如何最大化地发挥足球在多方面培养学生潜力的作用将是校园足球发展的关键所在。

三、足球事业发展价值

足球在我国体育强国目标中扮演着重要的角色,对于全面建设体育强国、实现"三大球"振兴至关重要。要成功振兴足球运动,确保国家体育事业蓬勃发展,我们必须高度重视培养后备人才,特别是校园足球的生力军。

《中国足球改革发展总体方案》明确提出:"把校园足球作为扩大足球人口规模、夯实足球人才基础等的基础性工程。"据张璐介绍,在 2000 年至 2014 年期间,国内常年参与足球活动的中小学生每年平均只有 1 万人,这一数字确实令人担忧。相比之下,欧洲足球强国的踢球青少年人数是中国的几十倍甚至上百倍,这种差距非常明显,不容忽视。首先,校园足球是培养足球人才的关键途径之一,因为足球项目的发展规律与青少年身心发展的规律相辅相成。这意味着,如果我们希望培养出优秀的足球人才,就必须从青少年阶段开始进行培养。其次,教育部门对于青少年资源的垄断意味着足球必须从校园中发起。这意味着,如果离开了校园,足球人才的培养,特别是青少年后备人才的培养,将无法建立在稳定的基础之上。因此,全国范围内的青少年校园足球活动是遵循足球发展规律和青少年身心发展规律的自然产物,也是中国足球发展的必然要求。

足球后备人才培养的关键在于提高青少年的足球知识和技能水平,

为了实现这一目标,普及足球知识和技能是必要的,因为普及是提高的基础。没有广泛的普及,就无法实现根本性的提高,因而也无法培养出优秀的青少年足球后备人才。普及与提高之间的关系类似于量变与质变的关系,通过广泛的普及,可以使青少年获得足够的基础知识和技能,然后在此基础上进行提高,普及是培养后备人才的必要阶段,没有这个阶段就无法实现人才的提高和培养。1986年,全国范围内已有2709所学校开展了足球传统项目,占全国传统项目学校的12.9%[①]。1988年,全国共有216所体育培优试点中学,其中23所学校开设了足球项目[②],全国范围内的中小学校、业余体校、体工队和高校之间建立了一种紧密的合作机制,旨在推动体育与教育的有机结合。这一合作机制为学生提升身体素质提供了重要机遇,尤其是校园足球运动的广泛参与使得众多优秀足球运动员得到了培养,校园足球运动在促进足球运动发展方面发挥着积极的作用,为中国足球开辟了前所未有的发展空间,也为中国足球的职业化改革以及成功参加2002年世界杯奠定了坚实的人才基础。因此,当前我国建设足球强国的首要任务是将中国的教育体系、体育发展状况与足球发展的实际需求相融合,迅速建立起一个符合青少年足球人才成长规律和教育规律的体系,并构建一个更加全面、合理、高效的足球精英人才选拔机制。

四、足球产业发展价值

足球,作为全球产值最高、受众最广泛、影响力最大的体育项目,扮演着举足轻重的角色。它不仅仅是一项运动,更是一种文化、一种情感的寄托,连接着全球数十亿球迷和观众。无论是从经济价值还是社会影响力来看,足球都占据了整个体育产业一半以上的比例。这种地位不仅体现在比赛的观赏性上,更体现在其背后的商业运作、广告赞助、球员转会等

---

① 部分省、市学校课余训练协作课题研究组,徐本力,王敦浦,等.对我国现行传统项目学校课余训练体制现状的调查与研究[J].安徽体育科技,1990(1):1-20.

② 邹时炎同志在全国培养体育运动后备人才试点中学座谈会上的讲话[G]//国家教委学校体育卫生司.学校体育卫生和国防教育工作文件汇编1988—1990.北京:教育科学出版社,1990:159.

多元化的经济活动中。根据《中国足球产业与文化发展报告》,2016年我国足球产业总规模已达到1259亿元,在各个运动项目中位列第三,这一数字充分展示了中国足球产业的巨大潜力和发展空间。预计到2025年,我国体育产业总规模将达到5万亿元,其中,足球服务产业规模将达到1.2万亿元。总的来说,足球产业在未来几年内将继续保持稳定的增长态势,为我国经济发展做出更大的贡献。同时,它也将为球迷们带来更多的精彩比赛和体验,满足他们对足球的热爱和追求。

尽管我国足球产业发展空间巨大,但仍面临诸多问题。为实现我国足球产业的高质量发展,我们必须从实际出发,遵循现代足球产业的内在逻辑和规律,并顺应经济社会发展的新特点和新趋势,以促进运动项目产业的高质量发展为核心目标。[①] 足球产业长远的发展需要依赖于培养青少年后备人才,作为世界上最成功的足球国家之一,德国拥有出色的青训体系,德国国家队被公认是全球最著名且最成功的国家足球队之一,而这一成功离不开其青训体系所做出的贡献。由于我国的足球人口规模处于相对较低水平,这使得我们筛选出优秀球员的难度增加,因此,我们必须打好基础教育的基石,并着力推进校园足球事业,从而扩大足球人口规模,这是寻找和培养本土优秀球员的关键所在。

校园足球的发展将带来一系列的积极影响,包括提升足球赛事的关注度、增加门票收入和商业收入,以及推动足球俱乐部和足球培训机构的发展,实现足球产业的可持续发展。随着校园足球事业的推进和足球人口的增加,足球赛事的关注度也将随之提升,更多的青少年参与足球活动,这将带来更多的观众和球迷,从而促进足球赛事的普及和受欢迎程度的提高。门票收入和商业收入的提升也将为足球产业带来更多的发展机遇,更多的观众意味着更高的门票收入,而商业收入的增加则来自赞助商和广告商的投入,这将为足球俱乐部和足球培训机构提供更多的资金支持,促进其发展壮大。最后,校园足球的发展将推动足球俱乐部和足球培训机构的发展,实现足球产业收入结构的多样化、健康化和可持续化。随

---

① 徐开娟,黄海燕,廉涛,等.我国体育产业高质量发展的路径与关键问题[J].上海体育学院学报,2019,43(4):29-37.

着足球人口的增加,将需要更多的足球培训机构来满足青少年的培训需求。同时,足球产业的收入结构也将更加多样化,包括门票收入、商业收入、转播权收入等,从而实现足球产业的可持续发展。

第三章　校园足球政策执行场域的
制度逻辑

第一节　校园足球政策执行场域的国家逻辑

一、国家逻辑的特征

国家逻辑是中央政府及其各机关部门制定并实施的一系列制度安排和运作机制,它对个人和组织的行为方式有着很大的影响。国家的逻辑强调了维持现有权力和利益分配格局的需求,因此国家会不断尝试各种途径和方法来提高自身的能力。国家逻辑的价值实现指的是国家能够将其政策意图和目标成功转化为现实,政策是为了公共利益而设计的制度行动,在我国高度集权的体制中,中央政府负责颁布政令,而地方政府则是执行机构,地方政府在对待中央政府的政令时,体现了一种服从性,包括贯彻执行的态度和行为。

首先,在政策的制定和实施过程中,中央政府和不同部门之间就充斥着利益矛盾、竞争和共识的问题,许多政策的出台在各个方面都存在一定程度的部门利益或地方利益倾向。为了实现国家意志和提升国家能力,国家通过各种途径和方式来推行其政策,我国中央政府采用了所谓的"压力型体制"来调控地方政府的行为,以实现国家的意愿和目标。"压力型体制"指的是中央政府制定各类社会经济发展任务和指标,并通过逐级分解将这些任务指标下达给地方政府,要求其在规定的时间内完成,并根据完成情况对其进行绩效考核。^① 然而,"压力型体制"的有效性是相对的,为了保持地方政府的灵活性,中央政府会在一定程度上进行行政放权,通过集中和分散相结合来提高行政效率。另外,地方政府和官员也有着自己的价值判断和利益诉求,因此并非完全忠实地执行中央政府的政策主张,而是有选择地执行中央的政策。那些能够准确进行绩效考核并符合地方政府和官员个人利益的政策将会得到快速有效的执行,而那些难以进行绩效考核或不符合地方政府和官员个人利益的政策则可能会被拖延、扭曲执行或变通执行。

二、校园足球场域的国家逻辑

校园足球发展的国家逻辑是指国家层面关于校园足球的治理理念,它形塑了校园足球发展中相关组织和个人的基本行为方式。

国家逻辑主要体现在中央及各部委发布的有关纲要、意见、通知、决定、办法等,从中央政府发布的政策文件中可以解读相关信息,厘清校园足球发展的国家逻辑。首先,明确校园足球政策文本的发文机关,从政策议程到政策制定,国家层面中央政府是政策的理念、目标最为关键的发布者,故我们研究的政策文本也理应是由中央人民政府和各部委发布的相关通知、意见或办法等,这些政策文本都可以通过中国政府网(中央人民政府门户网站)的"政策"栏目来进行检索。有学者运用政策文本分析法对 216 份相关政策文本进行了研究,发现校园足球政策的核心特征是"坚持立德树人的教育理念,通过足球运动提高学生的身心健康水平,从而实现学生的全面发展"^②。校园足球是学校体育的一个重要组成部分,其首要的价值理应是促进学生的身心健康,《中国足球改革发展总体方案》就明确指出要发挥足球的育人功能,弘扬阳光向上的体育精神,促进青少年身心健康、体魄强健,提高学生的综合素质。教育部组织专家共同编写了《中小学校园足球教学指南》,注重培养学生的团队意识、合作意识和责任

① 杨君,杨幸珺,黄薪颖.压力型体制中的下级能动——基于"任务—资源"视角的分析[J].经济社会体制比较,2023(2):121-129.

② 秦旸,邱林.基于政策文本分析的校园足球演进历程、发展逻辑与时代启示[J].北京体育大学学报,2020,43(10):59-67.

意识等品质。

除此之外,校园足球也可以为提升中国足球的水平起着基础性的作用,然而这一功能应居于次要地位,教育部相关负责人在全国校园足球工作电视电话会议上也进一步明确了这一点。我国足球水平落后的原因有很多,但根源问题是足球文化的匮乏以及后备人才的缺失,发展校园足球对于筑牢中国足球人才根基、提升足球竞技水平也起到了至关重要的作用。

国家对校园足球的发展也提出了具体目标和任务。《中国足球改革发展总体方案》规划在全国中小学校园足球特色学校现有 5000 多所的基础上,2020 年达到 2 万所,2025 年达到 5 万所。《中国足球中长期发展规划(2016—2050 年)》中提出校园足球发展的近期目标(2016—2020 年):全国特色足球学校达到 2 万所,中小学生经常参加足球运动人数超过3000 万人。[①]《教育部等 6 部门关于加快发展青少年校园足球的实施意见》提出支持建设 2 万所左右青少年校园足球特色学校,2025 年达到 5万所,重点建设 200 个左右高校高水平足球运动队。

国家层面多项校园足球政策都对校园足球提出了明确的目标,虽然相关表述有所差异,但是所提出的目标基本一致,没有明显矛盾冲突之处。教育部单独或牵头发布的校园足球政策文件,较少提及校园足球需要担负培养足球人才的目标。而《中国足球改革发展总体方案》《中国足球中长期发展规划(2016—2050 年)》等关于足球发展的综合性政策文件在强调校园足球的育人功能的基础上,也提出了要发挥校园足球培养足球人才的功能,《中国足球改革发展总体方案》提出"把校园足球作为扩大足球人口规模、夯实足球人才的根基",《中国足球中长期发展规划(2016—2050 年)》提出"加强校园足球建设,不断培育足球爱好者和足球人才"。

总体上来说,国家层面关于校园足球发展的基本理念和逻辑是较为清晰和基本一致的,校园足球政策的国家逻辑是:校园足球首先是教育,进一步发挥体育在教育中的作用,推动体教融合,使学校体育工作落到实

---

① 全国青少年校园足球发展大事记(2015—2019 年)[J].校园足球,2019(10):76-81.

处,提高学生的体质健康水平,培养学生健全人格,掌握足球运动技能,最终实现学生的全面发展,同时,校园足球的发展经验将推广到其他的运动项目中去,从而真正激活体育在学校教育中不可替代的功能。

第二节　校园足球政策执行场域的科层逻辑

一、科层逻辑的特征

通常,人们倾向于将社会问题归咎于制度的不完善,却忽视了制度运作中的其他关键因素,实际上,政策制定和实施的各个环节都可能受到各方组织或个人的影响。[①]　科层逻辑与国家逻辑密切相关,但又存在着一定的差异,国家逻辑旨在塑造一种符合其国家意志的行为模式,以实现政策目标,科层制逻辑是为了维系地方政府部门的存在和发展而自发形成的制度安排和行动机制,它在很大程度上形塑了部门及个人的行为策略和方式。[②]　与明确规定的国家逻辑不同,科层逻辑是一种隐性规则的逻辑,如果说制度的顶层设计来自全国范围内的统一观点,致力于满足一致性和普遍性,那么科层逻辑主要指在国家政策的实施过程中,中央政府、地方政府和基层政府之间存在不同的视角和行动逻辑以及在这一过程中存在的灵活执行方式。

在执行中央政府制定的政策过程中,地方政府的行为往往展现了国家逻辑和科层逻辑共同作用的特点。中央政策具有权威性,科层制度让地方政府把中央下达的政策任务分解到各级政府的日常工作中,并将其纳入到考核指标体系中,这会使地方政府更加重视中央政策的推进。但由于地域和环境不同,除了要求政策执行的一致性外,也需要给予地方政府足够的空间,以调动他们的积极性和主动性,因地制宜地执行政策。我国现行的分权改革使地方政府拥有一定的自主权,各级政府通过科层组

---

①　杜辉.环境治理的制度逻辑与模式转变[D].重庆:重庆大学,2012.

②　汤金金,孙荣.多制度环境下我国的环境治理困境:产生机理与治理策略[J].西南大学学报(社会科学版),2019,45(2):23-31.

织体系来推进各项政策,科层逻辑随着地方政府的自主性扩大而凸显出来,科层制度在许多时候也给政策的推进带来了一定的阻碍。地方行政机构和个人的行动受国家逻辑的影响和制约,但在执行中央意志和追求地方及个人利益之间,他们需要做出权衡,特别是在两者存在显著冲突的情况下,这种权衡抉择就显得尤为重要。

地方政府的利益诉求并非一成不变,地方官员在日常工作中常常面临上级层面传达下来的多方政策和行政指令,他们必须在日常工作中执行这些指令,并应对相对复杂的任务环境,他们在各种相互矛盾和冲突的目标之间进行权衡和选择,在事情的轻重缓急之中决策,对国家逻辑进行选择性的接纳和再加工。在科层逻辑的引导下,他们会选择那些最有利于自身职业晋升的做法,或者最大程度地避免对职业生涯构成威胁的行为。尽管地方政府和各职能部门在行动和诉求上各不相同,但背后仍然遵循着相对稳定的逻辑和价值观,科层逻辑的目标是为了追求官僚团体的利益最大化和资源控制最大化,根据任务环境中多重政策目标的不同代价和收益考虑,地方政府和职能部门会做出权衡和选择,他们通常会优先考虑自身利益的最大化,其次才考虑国家层面的逻辑,他们通过控制资源,在考虑社会利益与公众利益的目标同时,尽量实现官僚团体利益最大化的目标。换句话说,在地方政府进行任务和目标的权衡与选择时,最为关键的不是任务本身的重要性,而是不同任务和目标所带来的收益差异。在具体运作中,还有可能出现共谋行为,基层政府中的官僚组织和个人基于维护自身利益的考虑,可能会与职能部门、上级政府合作,以应对上级政府部门的检查和监督。复杂的多层级委托—代理关系使得共谋成为可能,共谋行为不仅存在于各级政府之间,也可能存在于政府与职能部门之间,共谋行为进一步导致职能部门与基层政府的利益同化,为科层逻辑的盛行提供了条件。

另一方面,科层逻辑还存在着"条块"分割下的部门利益分化问题,各个部门的利益在"条块"分割下进行分化,个人利益则在此基础上得到重新分配。我国长期以来一直采用中央各部门间和中央与地方政府间"条块分割"的管理体制,在这种机制中,"条"代表中央部委直接管辖各级部门,实行垂直管理,例如中央财政部直接管理省级财政部门,"块"则是指地方行政部门统一管理本行政区域内的所有行政事务,这种管理方式是平行的横向管理,在这种分割情况下,地方政府在行政部门之间存在更大的权威并且联系更为紧密,而非上级业务主管单位。由于执行机构的职能交叉重叠,政策执行阻滞的情况屡见不鲜,机构间的职能配置交叉重叠既包括行政机构之间的职能重叠,也包括各个行政机关之间的职能交叉。政府部门的职能不明确和管制权的分割导致了政策执行受阻,而责任规避则导致政策执行空白现象。政府各职能部门在履行相似职责时,尽管国家对各部门的权限和利益进行了界定,但由于实际情况的复杂性和变化性,往往会出现对其他相关方面缺乏相应界定的情况,或者在同一内容的不同方面,有些被严格规定,有些却界定模糊,甚至中央不同部门对同一规定也有着不同的定义。这种职责权限的不明确往往容易导致相互冲突的政策出现,因为不同的部门可能会有不同的政策目标和利益考虑,因而制定出不同的政策方案。此外,在政策执行过程中,由于部分政策执行主体的利益纠纷或彼此推诿,也会导致政策执行上的冲突。[①]

二、校园足球场域的科层逻辑

教育部牵头成立全国青少年校园足球工作领导小组进行顶层设计,由各省、自治区、直辖市教育厅(教委)、发展改革委、财政厅(局)、新闻出版广电局、体育局、团委和相关学校等机构负责实施,其中教育行政部门和学校是最重要的主体。我国的行政体制是典型的科层制,科层制具有理性化、效率高等优点,这种科层结构是校园足球政策得以贯彻执行的组织保障。行政科层体制是一种"压力型体制",上级政府将一些重要事项定性为"政治任务","校园足球"便是一项被提到政治高度的任务,为了完成这一"政治任务",各级政府层层下达考核目标,奖惩、晋升均与校园足球工作绩效挂钩[②],许多时候还会出现"层层加码"的现象,从中央到地方逐级加码和放大(见图3.1)。

为了推广"校园足球",国家相继出台了一系列政策,如《教育部等6

---

① 陆小成. 政策执行冲突的制度分析[D]. 湘潭:湘潭大学,2005.

② 荣敬本. 从压力型体制向民主合作体制的转变:县乡两级政治体制改革[M]. 北京:中央编译出版社,1998.

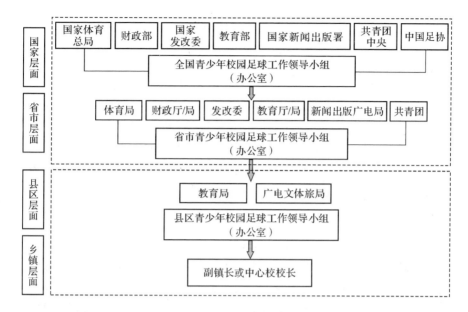

图 3.1　我国校园足球政策执行机构

资料来源:邱林,张廷安,浦义俊,等.校园足球政策基层执行的逻辑辨析与治理策略——基于江苏省 Z 县及下辖 F 镇的实证研究[J].上海体育学院学报,2021,45(3):49-59.

部门关于加快发展青少年校园足球的实施意见》《关于开展 2019 年全国青少年校园足球特色学校、试点县(区)和"满天星"训练营创建工作的通知》《全国青少年校园足球八大体系建设行动计划》等,政策文本中明确提出校园足球特色学校、高校高水平足球运动队、校园足球试点县(区)、"满天星"训练营、中小学生经常参加足球运动人数等一系列建设目标。[①] 各地也相继成立了各级校园足球工作领导小组,制定了本地区的校园足球发展规划和相应的配套措施,几乎各个省市都出台了当地关于青少年校园足球工作的实施意见,并给下级教育行政部门和学校下达了相应的任务指标。广东省 2015—2019 年安排的校园足球专项资金达到 8 亿元,带动各地市累计投入资金超过 12 亿元,先后创建了全国校园足球特色学校 1540 所、全国校园足球改革试验区 3 个、"满天星"训练营 3 个、试点县

---

① 教育部办公厅关于开展 2019 年全国青少年校园足球特色学校、试点县(区)和"满天星"训练营创建工作的通知[J].校园足球,2019(5):4-6.

(区)6个;成都市先后共创建全国青少年校园足球改革试点县(区)2个、全国校园足球"满天星"训练营2个、全国青少年校园足球特色学校273所、全国足球特色幼儿园63所,布局建设省级校园足球试点县(区)41个、校园足球推广学校2696所。

可以预见,随着国家对于校园足球活动的不断推进,各地会推出更多校园足球发展举措、设置越来越多的考核指标。科层制度会促使地方政府高度重视中央下达的任务指令并将其逐步分解到下级教育行政部门和学校之中去,同时将相应的考核指标嵌套进下级部门的政绩考评中。地方政府通过一系列统一性的政策法令赋予了校园足球工作的标准,激发了推进工作的动力,但在政策执行过程中,基层部门和学校如何实施这些统一性政策指令却是一个重要问题。科层制度中的分权放权给基层部门和学校提供了一定的权力空间,使它们可以制定和执行符合自身情况的"变通执行"政策。然而,这种"原则性与灵活性"相结合的政策在很大程度上会影响校园足球政策目标的一致性的实现。

校园足球的发展无论在国家层面还是地方层面都涉及教育厅(教委)、体育局、发展改革委、财政厅(局)等多个主体的协同治理,他们各自有着多重目标和不同利益,治理中极易出现冲突与矛盾。例如,对于校园足球办公室来说,校园足球是全部业务和利益、责任所在,而对于属地政府和其他相关部门来说,校园足球可能仅仅是一项"微不足道"的工作,许多矛盾因此产生。尽管中央始终致力于加强各部门之间的合作、打破体制性障碍,并努力实现政府主导下各部门通力合作的良好局面,特别是在教育部门和体育部门的紧密结合方面,但协同治理往往只停留在原则性的制度安排阶段,缺乏具体的运行管理指导,有效的协同治理局面并没有真正形成。教育部门强调以"升学"为核心利益,而体育部门则注重"竞赛成绩",其矛盾和问题更加突出。教育部门一直是校园足球的主导部门,但体育部门却拥有除学校体育以外的所有体育事务的管理权,并掌控着大部分足球专业资质教练、裁判、场地等优质资源。双方往往出于自身利益制定相关政策,上层设计难以取得共识,部门间的利益冲突不可避免。这种利益不一致自然会影响到治理目标的一致性,因此两个部门制定的政策往往难以产生良好的协同效应。

第三节　校园足球政策执行场域的社会逻辑

一、社会逻辑的特征

社会逻辑指社会公众的诉求等要素对地方政府的价值取向和行为选择的规范作用。① 在当今社会治理中,公众参与的重要性不断凸显,参与通常意味着各个社会群体和利益相关者通过被国家认可的方式参与公共事务的治理,并参与公共利益的分配机制,同时公众也期望能够在公共决策和实施过程中拥有一定程度的自主性。从诉求的角度来看,社会逻辑的诉求本质上就是公众的利益诉求,公众的利益诉求是希望通过影响公共政策的制定和执行来实现社会公众利益的最大化,也就是说希望地方政府在政策实施时能够用尽量多的资源来满足公众的各种要求。公众的利益表达可以有效地制约公共权力在治理中的运作,这也是影响地方政府行为选择的重要手段。在与自身利益相关的公共事务领域,公众期望能通过个人身份或组建社会组织等方式参与,并通过利益的表达和集结与国家治理相结合,从而形成一种有机的共治局面,这对于实现公共治理的目标至关重要。公众参与在社会治理中扮演着至关重要的角色,不仅仅是表达了利益,还能协调社会矛盾和冲突,特别在社会转型时期尤为重要。在现代社会治理中,相较于政府的信息公开,公众参与提供了一种机制,这种机制使得利益相关者可以直接、有效地表达自己的利益诉求,避免了政府信息公开不足或信息失真的问题。此外,在一个日益多元化的社会中,公众参与成为基于共同兴趣、共识认知以及共享利益的重要社会整合机制。随着社会的进步和公民意识的提高,公众越来越重视自己的权利和责任,越来越愿意参与社会事务的决策过程,这种趋势表明了公众参与在现代社会治理中的重要地位。

---

① 方晓田.中国民办教育政府干预逻辑的转换——从政治逻辑、经济逻辑到社会逻辑[J].教育学报,2021,17(1):180-193.

公共治理的成效在很大程度上取决于公众参与的广泛程度和深入程度,在高度文明和公民素质发达的民主社会中,公众对于公共政策的利益表达具备重要作用,他们能够有效地制约政府权力的运作,并通过各类社会组织的持续性活动,形成广泛的参与网络,为公众参与公共事务治理提供有组织、正当的渠道,这种参与方式使得公众的权利诉求得以转化为影响政府权力的有效资源。然而,在公民素质较低、公民意识不足的权威型社会中,政府权力可能严重限制公众参与公共事务治理的空间和角色。此时,公众所拥有的组织和言论资源无法有效地转化为对政府产生影响的有效手段,这导致了治理过程中行政整合过多,而社会自治能力不足的现实困境。随着社会的发展,利益相关者逐渐成为社会治理的重要参与主体,他们的社会治理的参与程度和参与方式也在不断发生变化。在以利益相关者为主导的社会治理中,政府、企业、社会组织、个人等利益相关者通过协商、合作、参与等方式,共同推动社会治理的改革和发展,他们对社会秩序的稳定和变革都具有较大的影响力。[①] 这种参与方式不仅有利于促进社会和谐稳定,也有助于推动社会治理公正、透明,这种转变是符合当前社会发展的趋势和需要的。随着信息时代的到来,媒体在现代生活中扮演着越发重要的角色,媒体的影响力在公众表达利益过程中举足轻重,成为争取社会支持的主要渠道,也是国家、政府与社会进行沟通的桥梁。此外,社会组织也成为国家和民众之间沟通的渠道,加入社会组织是参与公共生活的方式,在现代社会,发达的社会组织成为一项基本特征,在政策实施中,作为中间机构的社会团体发挥着推动政策变革和执行的重要作用。然而,不同社会群体之间的目标存在着较大的差异性,比如以经济利益为导向的企业、关注度为目标的媒体和以公众利益为导向的公民之间就存在冲突,这些群体存在着利益和目标上的分歧,这种分歧成为影响校园足球治理和公众参与的核心因素。

二、校园足球场域的社会逻辑

社会逻辑与国家逻辑的强制性和科层逻辑理性有着明显的区别,它

---

① 陆小成. 政策执行冲突的制度分析[D].湘潭:湘潭大学,2005.

代表了来自社会大众的道德性和规范性的力量。在校园足球治理中,随着人们对体育和教育问题的认知地不断深化,这两个领域的事物越来越成为集体行为,并深深地嵌入到社会结构的运行中。体育和教育不仅关乎个人的健康和福祉,也关系到社会的发展和进步。因此,体育和教育事务的改变和发展对社会观念、结构和制度都会产生深远的影响,同时也给校园足球政策执行主体带来了一系列挑战。[①] 在校园足球治理中,执行主体需要赢得学生和家长的认可,并尽可能地满足公众、媒体、足球运动从业者等相关利益主体的期望,这是因为校园足球不仅涉及学生的身心健康,还涉及教育质量的提升和社会形象的塑造。

随着校园足球的不断发展,公众对于校园足球的关注度也在提高,从"校园足球"百度指数关键词搜索趋势(见图 3.2)可以看出,从 2015 年开始"校园足球"的百度指数关键词搜索骤然上升,2015—2019 年间一直维持着较高的搜索热度。

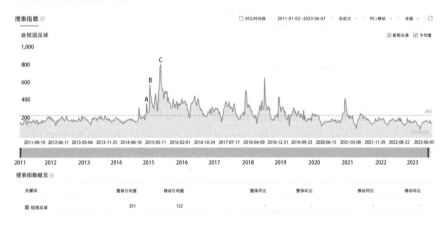

图 3.2　"校园足球"百度指数关键词搜索趋势

校园足球首先涉及的是学生和家长的切身利益,小学生参与校园足球大多是基于兴趣,而进入中学阶段,"升学"则成为许多学生和家长的主要利益诉求,根据网易 2018 年《星火指南》的数据调研结果显示,不同年龄段学员数量的变化趋势令人担忧。3—8 岁的孩子参与体育培训的人

---

① 杜辉. 环境治理的制度逻辑与模式转变[D]. 重庆:重庆大学,2012.

数呈现上升的态势,这显示了家庭对于孩子身心发展的重视。[①] 进入 8—12 岁这个阶段后,学员数量出现了稳定的高峰,这说明家长们普遍认为这个时期是培养体育兴趣和能力的关键时期。然而,令人担忧的是,当孩子面临升学压力时,大部分家庭则选择退出体育培训,将精力转向文化课培训,这种趋势导致 12 岁左右的学员数量出现了断崖式的下跌。但随着社会的进步,家长们的理念也随之转变,参与校园足球并不一定要与升学挂钩,孩子的身心健康已经逐渐提升到首要位置,家长更希望能通过校园足球增强孩子的身体素质,养成良好的心理品质。除学生和家长外,其他社会公众、媒体、足球从业者的期望也是组成社会逻辑的一个重要部分。目前,社会大众对于校园足球的认识还处于一个非常模糊的阶段,大部分民众并没有认真地了解和思考过校园足球的价值,还有一部分公众认为校园足球的主要功能是培养足球竞技人才,更有甚者认为校园足球就是为了提升国家队水平。在 2017 年金砖国家少年足球邀请赛中,北京 U12 少年足球队以 0∶20 不敌巴西弗鲁米嫩塞代表队,巨大的分差又一次刺痛了大众的敏感神经,舆论对此也高度关注,这正是许多民众将竞技诉求强加于校园足球的鲜明表现。

　　媒体是校园足球的传播窗口,公众对校园足球的知晓程度,以及校园足球理念的普及,很大一部分是借助于媒体的报道实现的。从"校园足球"百度资讯指数(见图 3.3)可以看出近年来校园足球的媒体关注度较高,日均资讯量达到 8151 条。通过媒体的宣传,可以实现政策的传递,提高校园足球的社会关注度,同时随着校园足球影响力的不断扩大,也会引起赞助商的广泛关注,直接影响校园足球的实施效果。媒体通过向公众传播校园足球文化,帮助缩小了不同场域之间的意识隔阂,同时也扩大了校园足球活动的影响力。

---

　　① 网易.星火指南|机构篇——一起走近青少年体育培训机构[EB/OL]. (2020-05-05)[2024-07-29]. https://www.163.com/dy/article/FEBK4O320529DBLQ.html.

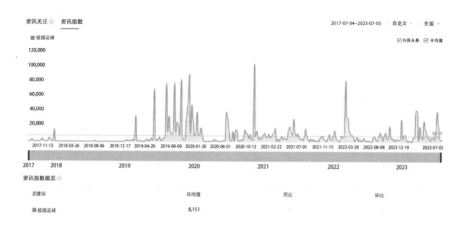

图 3.3　"校园足球"百度资讯指数

　　自从校园足球启动以来,网络媒体已经成为报道校园足球的主要力量,其中,一些较成熟的网络媒体平台如腾讯、新浪、搜狐等,以及各类规模较小的网络媒体都参与其中。而电视媒体对校园足球的报道和转播相对较少。这是因为,对于电视媒体来说,更具商业化价值的娱乐化节目以及中超联赛、中甲联赛和 CBA 篮球联赛等更受欢迎,相对而言,校园足球的赛事水平较低,关注度较低,商业价值不高,难以为电视台带来广告收入和利润。在这种思维惯性下,很少有校园足球赛事能够出现在电视屏幕上,因此校园足球进入大众视野的机会一直受限。从报道内容来看,高水平足球竞赛占据了报道的热点位置,表现出较强的精英足球导向,校园足球的政策文件以及一些负面新闻如比赛黑幕、训练竞赛事故、足球操等也是媒体关注的重点,2015 年广受关注的"足球操"事件就是当时各大媒体争相报道评论的热门话题。资料显示,2018 年某地的校园足球网站上发布的 362 条信息中,足球竞赛(高水平比赛)占 248 条,足球文化占 61条,足球教学占 53 条。媒体的宣传报道提升了校园足球的社会影响力,并且在社会舆论引导和监督方面发挥着重要作用,它们可以通过向公众发声来规范场域中行动者的行为方式,特别是随着微信、微博等自媒体平台的快速崛起,媒体的监督作用更加突出,例如对校园足球教练员不当行为和比赛暴力行为的监控,通过向公众发声,媒体可以规制场域中行动者的不当行为。在正确认识媒体的正面传播功能的同时,我们也不能忽视其在场域建构方面产生的负面影响。媒体常常通过报道校园足球来实现增加点击量、扩大影响力和增加广告收入等商业目的,虽然准确性和客观性是媒体报道新闻的基本要求,但是现今一些媒体为了追求更高的流量、点击量以及广告收益,不惜对新闻内容进行篡改和修饰,这导致信息失真和意义扭曲,如果不加以限制和约束,这必将对校园足球的发展产生不良影响。

而足球运动从业者习惯以专业足球、职业足球的眼光去审视校园足球,他们往往将关注的重点放在师资水平、训练方法与模式、竞技水平上。足球从业者经常在公开场合发表或者通过媒体发表自己对校园足球的看法,并且由于其身份的"专业性",对舆论起到重要的引导作用。青少年足球俱乐部的投资人和管理者是与校园足球关系最为密切一个群体,获取经济效益是青少年足球俱乐部的重要利益诉求,青少年足球俱乐部依凭专业技术资本,通过与学校合作,举办校外精英培训或兴趣班、组织比赛等,获取一定的经济回报。它还可以为学校足球课、课外活动、训练与比赛、文化活动等校园足球的基层建设提供专业化指导,而且能够作为社会组织分担教育部门、体育部门的办赛压力。为了获取更多经济效益,他们希望有更多学生参与校园足球,希望校园足球向专业化发展,使其具有明显的技能导向和竞赛导向。随着近十年来的蓬勃开展,校园足球普及度逐步增大,为众多热爱足球运动的学生提供了学习足球技能、接受足球教育的平台。青少年足球俱乐部在很大程度上直接影响学生的足球热爱度、足球技能水平,以及家长的支持度,从而影响整个校园足球的发展。

校园足球社会逻辑中不同群体之间存在着较为明显的利益分化和冲突,由于各群体的立场不同,其利益诉求也有所不同,有时候甚至是相互矛盾[①],这种群体之间的利益分化在一定程度上削弱了其校园足球治理的参与能力。

---

① 陆小成. 政策执行冲突的制度分析[D].湘潭:湘潭大学,2005.

第四节　多元制度逻辑的冲突与竞争

一、国家逻辑与科层逻辑的冲突

国家逻辑与科层逻辑之间目标冲突的根源在于两者利益诉求的巨大矛盾。国家逻辑致力于在权威统治下实现有效的治理,希望下级部门和学校能无条件地贯彻和执行其制定的政策指令。[①] 然而,科层逻辑则追求组织和个人利益的最大化,往往通过庇护和共谋等策略与基层部门、学校合作,以对抗国家逻辑的控制,并选择执行那些符合自身利益的政策要求。[②] 国家逻辑与科层逻辑之间存在合作和对抗的两种情形,但通常来说,合作大于对抗。当国家逻辑与科层逻辑相一致时,国家政策将得到较为忠诚地执行,当然,基层政府在贯彻国家逻辑的同时,也会试图获取额外的利益。然而,当国家逻辑与科层逻辑发生冲突时,基层部门和学校将面临极大的制度压力,政策可能会受到阻滞或扭曲。从手段的角度来看,制度逻辑之间的冲突也表现为正式行为与非正式行为之间的矛盾。国家逻辑通常通过制定法律和政策来创造正式的制度环境,其策略主要体现为正式行为。科层逻辑则更倾向于使用"潜规则"等非正式行为来应对制度环境中的挑战,这些潜规则可能包括利用权力、资源、信息等手段来影响决策过程,或者通过私人关系、利益交换等手段来获取利益。[③]

我国在处理科层逻辑与国家逻辑之间的关系时,一方面采取了较为严格的管理措施,要求地方严格按照国家预设的各项指标和规范进行操作,以避免其对国家逻辑的对抗和冲突行为,但同时也给予了科层逻辑一定的空间和政策执行的灵活性,只要能够按时、按质完成各项指标任务,并且没有违反相应的规范,基层部门和学校便可以自由地选择执行政策的方式和程度。

① 丁鑫旸. 组织场域、制度逻辑与生存策略[D]. 北京:北京体育大学,2017.
② 丁鑫旸. 组织场域、制度逻辑与生存策略[D]. 北京:北京体育大学,2017.
③ 丁鑫旸. 组织场域、制度逻辑与生存策略[D]. 北京:北京体育大学,2017.

在执行校园足球政策的过程中,基层执行者面临多重任务和各种考核的压力。科层制度的压力型体制、向上负责制、横向竞争和晋升机制的存在使得基层人员对上级的指令非常敏感,校园足球政策执行主体在推进校园足球发展方面具有较强动力,他们积极响应中央的政策指令,努力在竞争中脱颖而出,这在一定程度上推动了校园足球的发展。同时,这种体制也一定程度上限制了他们在执行校园足球政策时的自主性和创造性,还可能会导致基层执行者过于关注短期成果,而忽视了长期绩效,甚至不可避免地出现敷衍应付行为。① 因为在国家与地方互动中,存在着信息不对称的问题,所以基层部门和学校可能会利用国家监督的漏洞,追求地方利益的最大化,将地方利益或个别权力行使者的私人利益伪装成国家利益的形式,使其看起来合法合规。在决策权分配方面,权力向下逐级分散,各部门为争夺决策权而基于自身利益进行角逐,这进一步为基层部门和学校对国家行政指令进行调整提供了可能性,因此,地方政府与中央政府之间存在着紧张和冲突。此外,地方政府职能部门设置混乱和事务权限交叉也造成了统一性行政指令的执行成为各部门职能抢夺和责任推诿的斗争舞台,进一步加剧了统一性行政指令的权威性缺失问题。

在基层,校园足球政策的执行主要依赖于教育部门,体育部门则作为主要协助部门。作为我国行政体制权力分配的最末端,基层政府官员的职位是各项权力资源分配的基础,在基层政府机构中,政绩是决定职位晋升的核心指标之一,因此,基层官员在政策执行中的核心逻辑是追求最优政绩。在基层教育系统中,尽管与其他刚性教育政策相比,校园足球政策未受到足够的重视,但在人力、物力和财力紧缺的情况下,工作人员除了完成本部门的其他任务外,还必须花费大量的时间向上级汇报校园足球的文案材料、数据统计以及竞赛、培训等活动的开闭幕式,这使得他们无法充分关注校园足球政策在学校内部的落实情况。② 他们过于追求政绩,这导致校园足球政策执行出现了形式主义和功利主义的问题,过分注

---

① 邹珊珊,黄叶青,杨蓓蕾.政府购买社会组织服务的目标置换研究——基于多重逻辑的分析视角[J].华东理工大学学报(社会科学版),2022,37(6):75-88,102.

② 邱林,张廷安,浦义俊,等.校园足球政策基层执行的逻辑辨析与治理策略——基于江苏省 Z 县及下辖 F 镇的实证研究[J].上海体育学院学报,2021,45(3):49-59.

重表面而忽视了实际效果①,为了在短期内实现量化数据的大幅增加,以突出政绩并向上级汇报,政策执行的重点也会转移到一些"形象工程"上,例如足球操、百校联赛等。从纵向上看,行政组织的"职责同构"加重了信息反馈失真和信息不对称的问题,校园足球政策内容的实施仍然侧重于强制性的管制政策工具,并依赖行政力量来推动,在上级目标责任的约束下,下级只能设法完成任务,为了完成申报指标和年度考核任务,许多学校被"强制申报",这导致申报材料存在失真现象,这种情况影响了校园足球政策的正常实施。

二、国家逻辑与社会逻辑冲突

国家追求权威的统治,希望政策指令能够无条件地贯彻执行,然而,社会则追求体现公众利益的做法。尽管理论上讲,国家应该以社会公众的利益为依据,但实际上,国家更注重政治利益,并不能完全代表社会公众的利益,此外,公众利益本身具有多样性,不同社会群体有着不同的利益诉求②,因此国家逻辑与社会逻辑常常发生冲突。

国家逻辑主要通过制定政策法规来创设正式的制度环境,这是其独有的能力,因此国家逻辑主要表现为正式制度和正式行为。社会逻辑的策略形式不同于国家逻辑和科层逻辑,它介于正式和非正式之间。这种策略形式表现为国家、组织和个人之间的双向价值渗透和价值引导。对于国家逻辑来说,它可以通过价值渗透和引导来推动制定体现社会价值追求的正式规则,这意味着国家可以运用其权威和影响力,将社会价值观念融入正式的制度中,从而保障社会的稳定和发展。对于组织和个人来说,他们同样可以通过价值渗透和引导在行动中实践自己的逻辑,组织和个人在追求自己的利益和价值时,可以通过双向价值引导来与国家和其他组织进行沟通和协调。这种策略形式可以促进不同利益主体之间的合

①　邱林,张廷安,浦义俊,等.校园足球政策基层执行的逻辑辨析与治理策略——基于江苏省 Z 县及下辖 F 镇的实证研究[J].上海体育学院学报,2021,45(3):49-59.

②　吴有华.珠三角某地方政府城市规划实施行为选择研究[D].广州:华南理工大学,2018.

作和共赢,从而避免利益冲突和矛盾。①

在社会逻辑下,政策执行主体需要维护其内部的社会关系网络,并履行符合公众期待的社会责任,他们通常需要不断地调整政策实施策略以满足社会舆论的要求,这种做法赢得了公众的信任,为他们创造了一定的自主空间,但他们也必须承担相应的责任。在权威型治理框架下,公众参与校园足球治理面临更多困难,校园足球治理的效果将受到公众参与的不足或匮乏的严重影响。在校园足球政策执行过程中,校园足球治理决策经常在政府内部进行,在政府层级或部门之间发生,并且反映为政府权力在职权和资源分配方面的相互作用,这种情况使得公众通常难以参与与自身利益密切相关的公共政策的制定和实施,公众无法将自己的利益偏好融入政策设计中。特别是作为校园足球最重要利益主体的学生和家长,由于所处地位和信息的不对称,他们缺乏有效的诉求渠道,难以通过制度化途径表达其社会利益方面的诉求。

三、科层逻辑与社会逻辑的冲突

在科层逻辑下,政策执行主体更加注重履行上级部门提出的任务目标,这使得政策执行主体必须按照上级部门的指示和要求来履行其下达的各项任务,以确保上级部门对整个局势有较好的把控。

在校园足球治理中,理论上公民有多种方式可以积极参与,无论是以普通公众的身份还是利益相关者的角色,但是在目前以政府主导的治理模式下,公众常常被排除在校园足球治理之外。在校园足球政策的执行和监督方面,传统的治理模式往往强调"命令—服从",并且过于注重权力命令,忽视了民主参与的重要性。首先,政府控制着相关信息的发布,依赖于决策权的垄断,这使得校园足球治理成为了政府内部事务,并通过专家意见合理化了这一做法;其次,政府严格掌握着公众参与决策过程的机会和渠道,这导致公众参与的形式非常单一。在这种背景下,校园足球治理的相关决策往往显得滞后,甚至失效,为了缓解这一问题,现代行政理论发展出了一套以"专家理性"来向公众解释行政权力的机制,这种模式

---

① 丁鑫旸.组织场域、制度逻辑与生存策略[D].北京:北京体育大学,2017.

在一定程度上限制了权力对公众权益的压缩,但是专家也并非完全理性,他们受到认识上的局限和特定利益取向的影响。此外,不同领域的专家可能持有不同的意见。不同的关注点可能会带来专业网络内部观点的分歧,因为每个专家都从自己的专业角度看待校园足球政策。教育学家可能会强调校园足球的教育价值和潜力,包括培养学生的运动技能、团队合作精神和健康的生活方式,这种观点可能更注重校园足球的长期影响和对学生全面发展的贡献。足球方面的专家可能更关注如何提高足球训练竞赛水平,他们可能会关注比赛策略、技巧训练和体能训练等方面,强调从专业角度提高学生的足球技能和比赛表现。此外,管理者可能主要从提高管理效能的角度进行分析,他们可能会关注如何优化资源配置、提高管理效率和确保政策的顺利实施,这种角度可能更注重政策的短期效果和管理上的便利性。虽然这种多元的专业观点在一定程度上有利于全面认识校园足球政策,但也造成了专业网络内部观点分歧大的问题。

四、科层逻辑的盛行

制度逻辑理论的重点在于强调在特定的场域中,多种不同的制度逻辑可能共同存在并产生影响,而不仅仅是单一的制度逻辑在起作用。这些不同的制度逻辑可能存在竞争或冲突,因此组织需要应对多元制度逻辑共存带来的挑战,并努力获得所需的合法性和资源以支持组织的发展,这就导致了组织在面对多元制度逻辑共存所带来的挑战和紧张情况[①]。影响地方政府行为的各种制度逻辑集中在同一个领域,在这个领域内相互竞争、相互影响,共同塑造了政府行为。制度环境限制了学校的行动准则和边界,同时也为政策执行行为提供了多种可能的选择,这些制度逻辑的冲突常常导致政策执行主体在执行政策过程中会面临公共政策价值的失衡,校园足球政策执行的偏差行为在很大程度上可以归因于多种制度逻辑相互作用,不同制度逻辑之间的冲突越发激烈,政策执行主体产生行为偏差的可能性就越大(见表 3.1)。国家逻辑、科层逻辑与社会逻辑的

---

① 丁鑫旸. 组织场域、制度逻辑与生存策略[D]. 北京:北京体育大学,2017.

相互交织与冲突影响着校园足球政策执行主体的行动目标[①],从逻辑层面面临的矛盾来看,如果国家逻辑占主导地位,那政策的执行将会更为严格,而如果社会逻辑成为主导地位,将会加强社会责任和声誉,如果科层逻辑占据主导地位,将会强调地方政绩的重要性,只关注个人利益和发展,从而导致忽视国家意志和履行社会责任的问题。

国家作为政策的制定者,期望校园足球发挥育人功能,提高学生的身心健康素质,同时也可以扩大青少年足球人口、提升足球竞技水平,国家将这些政策目标和意图通过压力型体制层层传递至地方相关部门和学校。地方相关部门和学校在政策执行中的决策往往是基于各自利益而非公共利益。他们常常利用审批、评比等领域的自由裁量权来规避统一政策指令的限制,以谋取个人私利。这种情况甚至可能导致共谋行为的发生,从而滋生了许多弄虚作假的现象,而且这种现象会变得相当普遍。而本应对这些行为起到监督作用的公众,由于监督意识不足或监督渠道匮乏,减弱了其参与校园足球治理的效能,同时不同公众主体对于校园足球的价值认识和利益诉求又存在较大的差异,难以形成合力,这也限制了其监督作用的发挥,社会逻辑对校园足球政策执行主体的作用力度与其他逻辑场域相比明显偏弱,多方面的因素为科层逻辑的盛行提供了条件。

表 3.1　校园足球多元制度逻辑的冲突与竞争

制度逻辑	逻辑的价值追求	影响力
国家逻辑	合法性	中
科层逻辑	部门和个人利益最大化	强
社会逻辑	多元化	弱

资料来源:作者自绘

---

① 裴秋亚,范黎波.什么样的制度环境更利于数字经济产业发展?——基于多元制度逻辑的组态分析[J].经济与管理研究,2022,43(10):38-52.

第四章　校园足球政策执行主体的价值取向与利益诉求

第一节　校园足球政策执行主体的利益诉求

一、利益在政策执行中的地位

了解政策与利益的关系至关重要,我们需要深入分析利益主体的诉求,才能进一步了解政策执行的内部机制。作为政策执行者,行政人员是有自身利益追求的经济人,他们会根据成本和收益预期来追求最大利益。在政策执行过程中,他们会权衡成本和收益预期,如果发现某项政策无法使自身获益甚至损害自身利益,行政人员可能会感到被剥夺,进而产生消极、冷漠或抵制的态度。这种心理感受会导致他们干扰上级政策的有效实施,并以各种理由抵制或扭曲政策执行,从而使政策执行偏离正轨。相反,如果他们的利益得到满足,地方政府就会积极主动地执行政策。

"利益决定立场,立场决定行动",这是一个极具洞察力的论断。布坎南的观点是,政策执行者作为理性经济人,在行使职责时,他们可能会受到个人利益、组织利益、社会利益等多重因素的影响,而并非完全基于道德和公共利益来行动。例如,他们可能会追求个人利益的最大化,或者为了维护自己的地位和权力而抵制某些政策。因此,我们不能简单地将政策执行者视为行政道德的楷模①,相反,我们应该认识到他们也有自己的私利和利益诉求,因而可能忽视或者背离其作为道德人应该遵循的角色规范。此外,政策执行者还可能面临各种角色冲突。例如,他们可能既是政策的执行者,又是政策的对象,不同角色之间的兼容及冲突是难以避免的。② 在这种情况下,他们可能会面临如何平衡自己的职责和私人利益之间的矛盾,当角色冲突发生时,政策执行者能够以正确的政治思想觉悟进行理性选择,将整体利益或全局利益置于个人或局部利益之上,他们就能够避免角色偏差的产生。这是因为他们能够意识到并处理他们所面临的角色冲突,以整体利益为重,而不是被个人或局部利益所驱使;相反,如果政策执行者公私角色错位,可能会导致政策实施出现偏差,从而使政策无法有效地贯彻落实。这种公私角色的错位可能会使他们忘记自己的职责,被个人或局部利益所驱使,从而忽视了整体或全局的利益。③

二、校园足球执行主体的利益诉求与冲突

提高青少年身心健康水平是校园足球政策的核心目标,是社会公共利益所在,然而,地方教育行政部门、地方体育行政部门、校长、体育教师以及学生和家长等每个利益主体都是理性的经济人,都有自己的个体或部门利益追求。正如前文所述,有些利益主体关注的是学生的"升学率"和"就业率",有些关注的是学生的"成绩与分数",还有些则更注重学生在竞技体育方面的表现,甚至有些主体更关注职称和待遇等方面的考量。这些利益关注点往往集中在"部门利益"或者说"个人利益"上,并且这些非公共利益与校园足球政策所追求的"公共利益"之间的交叉范围较小,有时甚至可能会相互冲突和矛盾,这种冲突将会直接影响校园足球政策的有效执行。

(一)地方教育行政部门和学校的利益诉求与冲突

地方教育行政部门在推动校园足球活动方面发挥着关键的作用,随

---

① 包梅英. 公共政策执行偏差矫正研究[D]. 呼和浩特:内蒙古大学,2014.
② 包梅英. 公共政策执行偏差矫正研究[D]. 呼和浩特:内蒙古大学,2014.
③ 包梅英. 公共政策执行偏差矫正研究[D]. 呼和浩特:内蒙古大学,2014.

着校园足球主导权移交至教育部,地方教育行政部门的地位变得更加突出,他们对政策的态度对最终结果具有重要影响。通常情况下,地方教育行政部门和学校应该代表公益利益,但随着行政性分权改革的发展,地方教育行政部门逐渐成为权力主体和利益代表的统一体,他们的行为也逐渐呈现出经济人的特征,因此追求自身部门的政治利益、经济利益以及个人利益已成为内在诉求的自然结果。地方教育部门和学校的政策利益偏好主要是通过推动校园足球发展来获取相应的教育资源和政治资源。地方教育行政部门和学校是否积极推进校园足球政策的执行,与政策所带来的共同利益和个人利益息息相关,如果政策能够为学校带来内部的共同利益以及个人的利益,那么地方教育行政部门和学校自然会认真而积极地推行政策,反之,他们可能会采取针对政策的应对变通措施,以维护自身的利益。

政策和资金扶持是学校发展校园足球所追求的一项重要利益,通过积极推动校园足球,学校不仅可以获得政策上和财务上的支持,还有机会受到政府的表彰和媒体的报道。此外,足球是学生们喜爱的运动之一,积极推动校园足球的发展符合国家政策的趋势,不仅有助于提高学生们的身体素质,也对学校体育事业的发展具有推动作用。然而,目前我国仍然处在应试教育的大环境中,地方教育行政部门和学校很难摆脱这一大背景,因为他们的政绩考核主要以升学率为核心指标。社会上普遍存在着"重视智育,轻视体育"的传统观念,中国中学生体育协会足球分会的前副秘书长许建威介绍说,现阶段学校核心评价指标仍然以升学率为主导,尽管有些省市的升学考试中增加了体育科目,但是其所占分数比例远低于其他文化科目。在上级考核基层部门和学校工作时,校园足球并不是很重要的一项指标,上级教育部门评判学校和基层教育部门的核心指标仍然是升学率,他们认为现阶段的教育仍然应该以成绩为主导,对体育考核的重视程度相对较低。因此,从绩效考核的角度来看,学校的体育教育包括校园足球在内被认为是投入产出比较低的工作。在这种观念下,学生的学业表现主要通过文化课成绩来评价,而校园足球的价值认知并没有得到充分提升,尽管越来越多的人认识到校园足球对学生具有积极的教育作用,但由于学校和基层教育部门面临着升学率的巨大压力,从单位发展和个人政绩考量的角度来看,他们注重的仍然是分数和升学,往往难以兼顾校园足球的发展,在这一点上,学校与地方教育行政部门的利益诉求基本一致。总之,学校对校园足球政策的执行态度以及执行程度取决于该政策对升学率的影响程度,如果关联程度高,学校将会有更强的执行动力,反之,动力会相对较弱。由于受到"政绩工程"和"应试教育"的限制,以及共同利益和个人利益的推动,校园足球政策的利益相关者不可避免地会追求短期的政绩和高分,忽视长远利益,从而严重影响了校园足球政策的实施效果①。

另外,安全问题也是教育部门和学校的主要利益关注点,足球是一项剧烈的运动项目,一旦发生安全事故,责任将由谁来承担呢?例如,在一次由学校组织的足球队训练中,教练带领队员们进行了准备活动后,开始进行分组练习,一名同学的右眼被足球击中,导致受伤,经过多家医院的诊断和治疗,医疗费用累计达到了 55517.94 元,家长因此向学校提起诉讼,要求学校承担医疗费、精神损害抚慰金、残疾损害赔偿金等,总计金额为 342701.93 元。在这个案件中,考虑到足球运动本身存在一定风险,学校对学生在足球训练中受伤一事并不承担全部责任,但学校没有及时处理从而延迟了受害人的救治时间,增加了损害后果的风险,因此承担侵权责任,最终法院判决学校承担 70％的责任,共计支付 237445 元,包括医疗费、精神损害抚慰金和残疾损害赔偿金等费用。由于,足球运动的风险性相对较高,在校园足球政策出台以前,许多学校为了杜绝足球运动受伤,甚至禁止学生在校园中踢足球。现在,虽然出台了相应的政策来减轻学校和教师在体育课堂上需要面临的安全责任风险,但是足球这样的对抗项目,运动伤害事故是难以完全避免的,对于各种可能出现的意外风险,学校和教师依然胆战心惊。

(二)地方体育行政部门的利益诉求与冲突

地方体育行政部门和地方教育行政部门一样,具有公益代表和理性

---

① 戴狄夫,金育强.我国校园足球政策执行的利益辨识与制度规引[J].武汉体育学院学报,2018,52(10):38-43.

经济人的双重身份。这意味着他们既需要代表公众利益，也需要追求自身利益，他们需要在公众利益和自身利益之间寻找平衡。当前的评估机制主要依赖于竞赛成绩，这是评估地方体育部门的主要指标，这种机制强化了地方体育行政部门对竞赛成绩的重视，因为这直接关系到他们的部门利益和个人利益。当面对校园足球政策时，由于关注点主要集中在政策是否能够培养足球后备人才，并为当地争取重要足球赛事的荣誉，地方体育行政部门可能会把更多的资源和精力投入到与竞赛成绩相关的方面，而忽视其他可能对校园足球发展更为重要的方面。[①] 只要校园足球政策能够帮助实现这一目标，地方体育行政部门将会积极认真地履行政策，反之，则可能采取消极敷衍的方式来执行政策。

从基层政府部门事权和财权关系来看，教育和体育部门在校园足球政策执行中扮演着重要角色。这两个部门之间的合作对于政策的成功实施至关重要。然而，这两个部门在制定校园足球政策时，存在不同的利益诉求，教育部门主要关注政策如何影响学生的升学率，而体育部门则更关注政策如何影响竞赛成绩，他们希望校园足球政策能够培养更多的足球后备人才，为我国足球事业的发展做出贡献。由于两个部门之间长期缺乏有效的沟通机制，这种利益冲突就在所难免，在制定和执行校园足球政策时，教育部门和体育部门可能难以达成一致，这导致政策执行困难。[②] 由于缺乏明确的制度安排，体育部门并未获得足够的决策和发言权利，在足球专业领域，技术优势未能得到充分发挥，这造成了"教育部门全面主导，体育部门形式协助"的现状，教育局掌控着校园足球专项资金，并负责政策信息的发布，以及拥有足球专业领域的教学、训练、竞赛、培训等活动的决策权，由于教育部门不愿"让渡"相关事务的权力，体育部门在校园足球政策执行中的具体职能逐渐变得模糊。[③] 地方体育部门负责组织体育学校的教练和优秀退役运动员进入校园进行业余训练，为校园足球的发

①　戴狄夫,金育强.我国校园足球政策执行的利益辨识与制度规引[J].武汉体育学院学报,2018,52(10):38-43.

②　戴狄夫,金育强.我国校园足球政策执行的利益辨识与制度规引[J].武汉体育学院学报,2018,52(10):38-43.

③　邱林,张廷安,浦义俊,等.校园足球政策基层执行的逻辑辨析与治理策略——基于江苏省 Z 县及下辖 F 镇的实证研究[J].上海体育学院学报,2021,45(3):49-59.

展提供技术支持和服务,然而现在校园足球由教育部门主导,所取得的成绩主要归功于教育部门,这大大影响了体育部门的内在动力,导致教练资源无法做到真正共享。"限制性赛事"这一问题也很好的反映了两者间的利益冲突,尽管两者面向的都是 12—16 岁的青少年,但在体育方面存在全国体校系统的比赛和足协组织的俱乐部梯队联赛等赛事,而教育方面则有校园足球联赛,由于双方利益诉求不一致,这些赛事之间相互独立,并且存在着许多限制性参赛的规定,这影响了校园足球赛事的健康发展。在过去几年的体教融合过程中,教育部门主导组织了第一届中国青少年足球联赛,尽管该赛事已经整合成一个统一的比赛,但仍然区分为青年组和校园组,并对校园组有特定的参赛要求,虽然其初衷是通过比赛实现体教融合,推动人才培养方面的融合,但在实际操作中并没有取得实质性的进展,如何有效地实现赛事融合成为当前校园足球发展的难题之一。

(三)体育教师的利益诉求与冲突

作为校园足球政策的最直接和最基层的执行者,体育教师在政策的实施中扮演着至关重要的角色,他们是与学生直接接触的主体,可以说是决定政策成败的关键环节,深入了解体育教师的利益诉求就显得尤为必要。

一般而言,体育教师的利益目标主要包括职称评定、薪资待遇、职位晋升以及社会地位等几个方面,如果校园足球政策能够满足体育教师在这些方面的需求,他们就会积极地参与其中,为政策的顺利实施贡献力量,反之,他们可能会采取消极的行动。[①] 然而,在目前的校园足球工作中,体育教师的基本利益诉求还没有得到充分的体现。比如:工资奖金和职称待遇方面,大多数学校对足球教师参与训练和外出比赛的补助非常有限;此外,足球课程的教学质量和效果也难以量化,职称评定中足球比赛成绩的权重在各校之间存在较大差异。根据教育部校园足球调研组于 2017 年对全国 14728 所足球特色学校进行的网络调查统计,全国共有

---

① 邱林,张廷安,浦义俊,等.校园足球政策基层执行的逻辑辨析与治理策略——基于江苏省 Z 县及下辖 F 镇的实证研究[J].上海体育学院学报,2021,45(3):49-59.

51056名足球教师,其中仅26.8%的足球教师具备足球专业背景,每所学校平均不足1人,将足球竞赛成绩计入教师职称晋升标准的学校仅占22%。此外,针对100名中学足球教师进行的一项调查发现,66%的足球教师从事课余训练并未得到任何补贴,47%的教师认为日常工作量过大。[①] 这些数据显示,部分足球教师承担着繁重的足球教学和训练任务,但政策对他们的利益需求并未充分重视。尽管政策提出了建立教师从事足球教学的激励机制,落实体育教师待遇的措施,但却忽视了将工作业绩纳入职称评比以及课余训练纳入教学课时量等的核心利益诉求。此外,学校在对体育教师进行评价和考核时,通常将校队在一些重要比赛中的成绩赋予了较大的权重,而广泛开展的学生体育活动往往难以在评价指标中得到体现。

兼职的足球教师、教练,他们的利益保障情况就更加令人担忧,由于学校缺乏解决编制和保障等问题的能力,校园足球教练的收入水平普遍较低。根据2018年网易《星火指南》的调研数据显示,有高达93%的校园足球教练的月薪低于5000元,许多教练甚至是无偿为学生进行训练,他们完全出于对足球的热爱和责任感才从事这项工作。尽管校园足球目前的主要目标是推广普及,但要实现普及也需要专业指导,然而,由于目前收入状况不容乐观,学校几乎无法吸引到真正具备足够专业知识的退役球员或专业人才加入进来。

三、利益冲突产生的原因

(一)"条块"分割导致的部门利益分化

在我国的行政体制中,系统分离和条块分割是一个由来已久的问题,职能配置交叉包括党政机构之间的重叠以及各行政机关之间的交叉,这导致政府部门的职能不明确,管制权被分割,因而政策执行时可能会出现堵塞和盲区。各级行政部门与其所在地方政府之间的联系更为紧密,

---

① 邱林,张廷安,浦义俊,等.校园足球政策基层执行的逻辑辨析与治理策略——基于江苏省Z县及下辖F镇的实证研究[J].上海体育学院学报,2021,45(3):49-59.

因此,地方政府也拥有更大的权威。由于各地方政府和行政部门都有自己的利益,当它们履行相同或类似的职能时,如果没有明确的职责和政府关系规定,就可能出现政策矛盾,当国家对某些方面的权限和利益做出界定,但没有对其他相关方面做出配套性的界定时,地方政府和行政部门可能会在不同的利益驱动下自行解读和执行政策,从而导致政策相互矛盾。另外,如果中央不同部门对同一规定有不同的解读,就会导致同一内容在不同方面的职责模糊不清,地方政府和行政部门可能会在执行政策时产生困惑和不确定性,从而影响政策的有效性和执行效果。[①] 在校园足球政策执行过程中,各个政策执行主体之间的利益冲突和推诿,必然会产生冲突,导致基层部门和学校会根据自身的利益选择性地理解国家逻辑。

　　校园足球的发展必须依赖教育和体育两大部门之间的紧密合作,然而,我国政府长期以来采用条块关系的模式,这导致这种合作受到了很大的阻碍。由于部门之间划分和系统分离的原因,双方往往出台与自身利益相关的政策,缺乏顶层设计的协调,难以实现相互呼应,也难免产生部门间的利益冲突。为促进我国校园足球的持续健康发展,已经采取了一系列措施来加强部门间的合作,打破束缚校园足球的体制性障碍,无论是体育部门发布的《通知》,还是教育部门颁布的《实施意见》,都强调了部门间加强合作的重要性,尤其要实现教育部门与体育部门之间的有机结合,并提出了明确的要求。但在实际操作中,各部门可能仍存在一些利益分化和利益冲突,因此各部门在实施政策时存在消极怠工、互相推诿等现象,从而影响政策的有效执行。[②]

(二)自利动机导致的利益冲突

　　在利益冲突的情境中,自利动机是政策活动者产生不当行为的根源,满足自身利益的需求导致自利动机的形成,当自利动机战胜其他动机并占据主导地位时,就会出现人为干扰和不当行为,最终导致公共政策偏离公共性的结果。根据制度经济学家的观点,政策执行过程中的各个主体

---

　　① 陆小成. 政策执行冲突的制度分析[D]. 湘潭:湘潭大学,2005.

　　② 戴狄夫,金育强. 我国校园足球政策执行的利益辨识与制度规引[J]. 武汉体育学院学报,2018,52(10):38-43.

被视为追求自身利益或效用最大化的理性"经济人",由于自利动机、机会主义行为以及政策资源有限等原因,个人利益与公共利益、近期利益与长远利益、局部利益与整体利益、经济利益与政治利益以及社会利益等之间难免存在冲突。[①] 作为公共政策法定生产者的政府部门,同样难以摆脱理性经济人的束缚,在政策决策和执行过程中也具有自利动机,他们往往努力使政策朝着有利于实现自身利益的方向发展,这些行为很可能与公共性偏离,最终导致对他人或社会利益的损害。

公共政策的本质是对社会价值进行权威性分配,校园足球政策与其他公共政策一样,在其执行过程中本质上是涉及利益再分配的过程,校园足球的利益相关方呈现出多元化的趋势,有时甚至相互矛盾,这给校园足球政策的执行带来了影响。利益冲突首先体现在校园足球政策的制定者和执行者之间的利益矛盾,校园足球政策的制定者通常为国家或地区教育主管部门的官员,而执行者则包括各级基层执行部门、学校管理层和教师。尽管制定者和执行者都是政策的主体,但在很多情况下,他们的利益存在差异甚至冲突。其次是执行者之间的利益矛盾,校园足球政策的执行者存在于不同层次,而不同层次的执行者追求的利益也有所差别。例如,学校领导和管理层更加关注权力的最大化和对下属的控制,而普通教师则更加关注福利的提升和工作环境的改善。当校园足球政策的制定者与执行者以及不同层次的执行者之间的利益存在不一致时,执行者为了维护自身或所代表阶层的利益偏好,可能会背离政策的基本精神,扭曲政策的执行,从而导致执行上的偏差产生。[②] 利益冲突的产生在很大程度上源于利益整合制度存在缺陷,由于不存在完美的方案,政策活动往往无法完全解决利益冲突,甚至可能导致更多的利益冲突,特别是在政策活动的主体日益多元化的情况下,政策过程中明显或潜在的利益冲突将持续存在。

---

① 陆小成. 政策执行冲突的制度分析[D]. 湘潭:湘潭大学,2005.
② 陆小成. 政策执行冲突的制度分析[D]. 湘潭:湘潭大学,2005.

第二节　校园足球政策执行主体的政策价值认同

一、价值认同在政策执行中的地位

目标明确的行为是基于个体的价值取向产生的,而这种价值取向是个体在自我意识的基础上形成的,有目的的倾向性。这种价值取向在社会实践中作为行动的准则,规范个体的行为,并将其内化为个体的价值认同,这种价值认同可能促使组织一致行动。心态对于行为的影响是非常重要的,对于公共政策执行人员来说更是如此。良好的执行心态可以帮助政策执行人员更加积极地对待工作,提高工作效率和质量,同时也有助于提升政府在公共政策执行方面的能力。在良好的执行心态下,政策执行人员会更加坚定自己的政治信仰和信念,从而在执行政策过程中更具信心和决心。这种心态可以激发他们在执行过程中的激情,使他们更加积极主动、认真细致地执行政策,即使在面对困难时,他们也不会轻易退缩,而是会勇往直前,努力克服困难,确保政策的顺利实施。[①] 而所有这些都源于政策执行人员的价值观念,信念是心态最基本的构成要素,只有拥有信念,才能唤起激情,并形成良好的执行态度,而信念态度的培养则依赖于政策执行人员对道德价值的追求。[②]

如果执行人员观念系统中过分倾向于功利主义,那么"道德人"的价值观念就会变得淡薄,无法形成良好的执行心态,也不利于提升政府的公共政策执行能力。政策的有效执行需要政策执行主体对所推行的政策进行认同和接受,而这种认同和接受是基于对政策的正确理解的前提,对政策内容的认知至关重要,只有政策执行主体对政策内容及其精神实质有清楚的理解,并正确地把握政策所蕴含的潜在价值和利益,才能准确地理解政策制定者的意图,形成积极的行动动力和合理的政策目标,从而确保

---

① 包梅英.公共政策执行偏差矫正研究[D].呼和浩特:内蒙古大学,2014.
② 包梅英.公共政策执行偏差矫正研究[D].呼和浩特:内蒙古大学,2014.

政策能够达到预期的执行效果。尽管政策的强制性对政策执行起到一定的积极作用,但如果隐藏在表面认同背后的消极情绪得不到解决,就很容易出现对政策的抵触,进而导致政策执行偏离预期。

政策执行的认同价值通常可以分为四个层次,分别是高度认同、低度认同、表面认同和抗拒认同。在高度认同层次,人们对政策内容和意义有深入的理解,并且认为政策目标与个人追求的理想信念和价值观相一致,他们会因此感到满足,并从内心支持和认可该政策,积极遵守和执行相应的政策,因此高度的认同是稳定可靠的社会心理基础。相比之下,低度认同指的是政策执行主体对所推行政策的浅层理解,主要关注于实际利益和眼前的满足,当政策带来实实在在的利益时,执行主体会产生满足感并认同和支持该政策。然而,低度认同并不可靠,当政策利益递减或消失时,人们最初的认同可能转为怀疑、否定甚至拒斥,从而引发对政策的规避。表面认同是指人们由于政策的强制性或为避免惩罚而表现出的某种遵循,而不是真正内心的认可和赞同。由于无法从内心认同所推行的政策,人们并不会真正地接受和执行,作为被动执行者,他们只是出于压力而象征性地执行政策,而非追求共同目标。抗拒认同则是政策认同受阻的极端形式,当政策的价值取向与执行主体的价值观发生严重冲突或政策带来的利益改变超出个人心理极限时,执行主体会产生强烈的对抗情绪和行为反应,他们表现出抵制、拒不执行甚至反向执行政策。尽管在我国这种极端的政策抵抗形式相对较少见,但我们仍然需要重视并妥善处理这类问题。

二、校园足球政策执行主体政策价值认同与冲突

价值观引领着人们的行为方式,校园足球政策执行主体的校园足球价值判断也深刻地影响着他们的行动,校园足球政策的有效执行需要政策执行主体正确认识校园足球的功能与价值,这对于校园足球活动的健康和可持续发展至关重要。

校园足球政策的目标是多元的,包括提高青少年身体素质、培养足球后备人才以及推动素质教育和学生的全面发展。这些目标超越了单纯的足球运动,与体育强国梦和民族复兴梦紧密相连。然而,在政策执行过程

中,由于各方的理解和关注点可能存在差异,可能会出现一些问题。例如,一些执行主体可能更关注短期的政绩和成绩,而忽视了政策的长期目标和影响。这可能导致长远利益和眼前利益之间的冲突,进而对校园足球政策的有效执行产生负面影响,甚至可能阻碍长远利益的实现。①

对于政策的价值判断,主要包括两个方面。一是政策的价值和意义,即校园足球政策本身是否有意义和价值,校园足球是否应该承担这些使命。二是校园足球政策的可行性,即在一定资源和条件下,政策目标是否能够实现。

发展校园足球的初衷是通过其吸引力,引导广大青少年积极参与体育运动,让他们在户外阳光下更多地接触大自然,养成体育锻炼习惯和良好的生活习惯,提升学生的身心健康水平。校园足球的意义在于让每个年龄段的孩子都有机会踢球,只有校园足球的基础水平得到提升,其他领域才有可能取得突破。此外,足球产业也是体育产业最重要的组成部分,并且足球联赛是国内少数正常运营的职业联赛项目之一,这也是将足球作为试点项目的原因之一。校园足球的长远价值与竞技体育不同,它更多关注的是青少年全面发展和体育精神的培育,而不仅仅是追求竞技成绩。然而,由于这些价值往往需要经过一定的时间才能显现出来,在短期内很难被直接观察到,这就使得一些政策执行者在政策出台后可能会出现工作热情不高、动力不足等现象。②

当下校园足球已经成为备受瞩目和优先发展的体育项目,然而,对于为何如此重视校园足球的问题,许多人提出了质疑。部分政策执行者对于校园足球的价值认识存在误解,他们错误地认为政策制定的主要目的是提升我国的足球竞技水平。这种对校园体育价值的偏差认知一方面导致了部分政策执行者的抗拒心态,他们不认同校园足球政策的价值,从而以敷衍执行或变通执行的方式对待;另一方面也导致了校园足球的"锦标主义"现象,他们认为开展任何面向青少年的项目,最终目标都是为了为

---

① 戴狄夫,金育强.我国校园足球政策执行的利益辨识与制度规引[J].武汉体育学院学报,2018,52(10):38-43.

② 刘霞,王源.试析妨碍公共体育政策执行主体的认知缺陷及完善途径[J].浙江体育科学,2016,38(2):1-4.

职业队和国家队培养人才,否则就被认为是无用功。这种强调"锦标主义"的奖励制度,很大程度上影响了我们足球乃至所有体育项目的发展模式,因此,很多青训队早早便开始进行体能训练,希望在比赛中获得身体上的优势。如果决策执行者缺乏对"校园足球"的内容和精神实质的正确认知,就可能会导致校园足球运动仅仅是昙花一现,短暂的热潮过后难以真正地提升学生的体育锻炼意识和兴趣。[①]

其次,对于校园足球是否能够改变学校体育发展的困境,真正推动体教融合,提高学生身心健康水平的问题,大家的观点也存在着分歧。一些政策执行者认为,多年来"体教融合"的政策并未取得显著成效,校园足球也难以解决学校体育发展所面临的困境,他们指出,学生、家长对体育教育的重视程度不足仍然是一个主要问题,传统的应试教育观念导致学生更注重文化课的学习,对体育课程的参与度和兴趣不高。同时,资源、经费不足也是制约校园足球发展的关键因素。许多学校缺乏合格的足球场地和专业器材,无法满足学生的训练需求。因此,他们对于校园足球政策的价值与可行性表示怀疑。而中国足球最缺乏的就是信心,如果没有信心就看不到希望,看不到希望就很难坚持下去。还有一些政策执行主体原本对于校园足球活动的价值有一定的认识,积极性也较高,但由于缺乏经费支持和场地条件等问题,很多设想和计划无法得以实施,长此以往,他们开始对校园足球价值能否实现也产生了质疑,给政策的顺利执行和推进带来了阻碍。

三、价值冲突产生的原因

(一)校园足球政策宣传不足

政策宣传在政策执行过程中的确扮演着非常重要的角色,根据美国公共决策学者詹姆斯·E.安德森的观点,行政管理机构可以运用宣传手段来促进人们的合作,包括增进公众对政策的理解和支持,并降低违反政

---

① 刘霞,王源.试析妨碍公共体育政策执行主体的认知缺陷及完善途径[J].浙江体育科学,2016,38(2):1-4.

策的情况发生。作为一种政策执行的手段和方法,政策宣传的主要目标是向政策执行者、政策对象、目标群体以及各利益相关方宣示、公布和传播政策目标及内容,从而促进他们对政策的理解和认同,推动公共政策的有效执行并实现政策目标。[①] 除了可以增进公众的政策认同外,政策宣传也是提升政策执行者的政策认同度的一个必要手段。

缺乏充分的校园足球政策宣传是导致政策认知不足的一个重要原因。每一项校园足球政策都有其特定的目标、价值、功能、内容、适用范围和实施条件,这些都需要进行深入系统地学习和理解。通过充分而准确的校园足球政策宣导,可以使得政策执行主体对政策的各个方面有全面的理解,明确政策的适用对象和限制条件,领悟政策的核心精神,并了解政策产生的背景和现实基础。同时,这也有助于厘清政策执行主体与校园足球政策之间的利益关系,为校园足球活动的顺利推进打下良好的基础。[②]

校园足球政策的核心特征是"坚持立德树人的教育理念,通过足球运动提高学生的身心健康水平,从而实现学生的全面发展"[③]。校园足球活动也有助于实现学校体育的目标,即让学生享受乐趣、增强体质、健全人格、锤炼意志。然而,目前校园足球政策在宣传和推广方面存在严重的不足。广大教育和体育从业人员主要通过传统手段如会议、电视、广播等来了解关于校园足球的政策,而这些宣传方式缺乏灵活性和针对性。这导致部分校园足球政策执行者对校园足球活动的价值认知仍停留在表层,无法深入理解和贯彻政策精神。在执行政策过程中,由于对政策认知不足且缺乏灵活性,出现了效率低下和涣散状态的问题。这不仅影响了校园足球活动的开展效果,也影响了学生对校园足球的认知度和参与度。

---

① Anderson E. Public Policy-Making(3rd)[M]. Orlando, Florida:Holt, Rinehart and Winston,1984:106.

② 刘霞,王源.试析妨碍公共体育政策执行主体的认知缺陷及完善途径[J].浙江体育科学,2016,38(2):1-4.

③ 秦旸,邱林.基于政策文本分析的校园足球演进历程、发展逻辑与时代启示[J].北京体育大学学报,2020,43(10):59-67.

(二)校园足球政策信息的选择性认知

根据行为科学的研究,人的认知活动是通过主观认知图式对政策信息进行吸收、改造和完善自身认知图式的过程,这个过程是主观的,受到个人的经验、价值观、文化背景等因素的影响。奥尔波特在实验研究中发现,人们通常会注意与自身兴趣、习惯和需求相吻合或相似的内容,这种选择性认知倾向的存在,以及选择性认知对传播效果的限制作用也得到了证实。[①]

政策认知过程中的每个环节确实带有明显的主观性,其中选择性认知是导致校园足球政策认知缺陷的主要原因之一。政策信息的认知是将政策概念内化的起始阶段,在这个阶段,校园足球政策执行主体通过思维加工和逻辑整合,将校园足球政策信息融入自己的意识结构之中。在选择性认知的影响下,人们通常会关注与自己兴趣、经验和需求相符合的政策信息,而忽略或低估与自己观点不符的信息。这种现象在校园足球政策的认知过程中也可能发生,政策执行主体可能更倾向于接受和认同与自己认知结构相近的校园足球政策信息,而忽视或怀疑与自己观点不符的信息。

校园足球政策价值认知确实涉及政策主体所持有的体育观念,这些观念在对认知图式进行操作时具有选择性和方向性。执行主体通常会根据他们原有的体育政策概念系统,在比较、分析新的政策信息后决定是否将其纳入认知过程。因此,他们的认知图式决定了他们只对能够感受到的校园足球政策信息的某些方面作出反应,而对无法感受到的信息则没有反应。此外,由于人的认知活动具有主观性,政策执行主体在校园足球政策的认知过程中不仅会对政策信息作出原本的反应,还可能会进行创造性的理解。这种创造性的理解可能会导致政策信息在认知过程中发生变异,也就是在传递和解读过程中产生误差或变化。这种变异可能因为

---

① 刘霞,王源.试析妨碍公共体育政策执行主体的认知缺陷及完善途径[J].浙江体育科学,2016,38(2):1-4.

执行主体的理解角度、背景和经验等因素而发生,从而影响政策的执行效果。①

　　校园足球政策本身是针对体育资源和利益进行权威性分配的方案,因此与校园足球政策执行主体的利益密切相关,在对校园足球政策信息进行认知时,校园足球政策执行主体也会有意识地带着利益和价值倾向性来控制和操作认知图式,这导致政策信息在个体大脑中产生偏差,并以变形或歪曲的形象反映出来。体育部门通常更关注竞技、竞赛成绩以及运动技术的发展,因此在处理与竞技、竞赛成绩关联较低的校园足球政策时,他们可能会选择性地忽视或误读。教育部门和学校则更加关注与升学相关的政策,因为这直接关系到学校的教学质量和学生的未来发展,因此,在解读校园足球政策时,他们可能会更倾向于将其与学生的学习成绩、升学率等联系起来,这种倾向性可能会导致忽视或解读不全面校园足球政策的其他方面,如体育教育、学生身心健康等方面。政策信息与政策执行主体固有观念不一致,必然导致对政策价值的认知产生冲突,从而影响不同部门之间的合作。

---

　　① 刘霞,王源.试析妨碍公共体育政策执行主体的认知缺陷及完善途径[J].浙江体育科学,2016,38(2):1-4.

第五章　校园足球政策执行主体的行动策略与执行偏差现象

第一节　制度—利益—价值视角下政策执行主体的行为逻辑

一、校园足球政策执行主体的政策执行环境及其冲突

在校园足球政策执行实践中,各政策执行主体都面临着理性和非理性之间的复杂交织,需满足来自国家、上级主管部门和社会的合法性评价[1],需要面对多元制度环境的挑战,执行主体需要迅速应对多个制度逻辑的冲突,政策执行主体是被嵌入在政策环境中的一方,这种嵌入是一项基础性的限制条件,制度环境对于政策执行主体的行为选择产生重大影响和制约。同时,他们还需要面对不同的权力、资源和利益诉求,必须整合各种行动逻辑,共同推动任务的执行,在不断变化的情境中做出"权宜性"选择。校园足球政策执行者的目标是在多元制度逻辑的共同影响下产生结果,当校园足球场内部的制度发生冲突时,这种紧张的矛盾会导致行动者选择最有利于个人发展的逻辑聚焦点,并影响行动者的制度聚焦模式。这种情况激发了行动者追求其他行动目标和方式的动力,因此提供了多样的制度聚焦选择,通过改变自身的行动目标和方式,推动主导制

---

① Michel C L, Meza O D, Cejudo G M. Interacting Institutional Logics in Policy Implementation[J]. Governance,2022,35(2):403-420.

度逻辑的改变。

国家的逻辑是将校园足球政策目标通过压力型体制传递给基层部门和学校,以提高政策实施效果,作为政策制定者,国家期望校园足球能够发挥育人功能,提高学生的身心健康水平,同时增加青少年足球参与人数并提升足球竞技水平。国家通过压力型体制将校园足球政策目标传达给政策执行者,中央政府将这个任务纳入主要的政绩考核体系中,在这种"压力型体制"下,基层部门和学校总是以"唯上"的态度来执行中央政策指令,以努力获得奖励并避免惩罚,他们不得不将其作为重点工作。调查发现,大部分教育部门和学校的校园足球负责人认识到发展校园足球的重要性,但也感受到了实际的压力,校园足球政策要求在资源匮乏和手段不足的情况下,完成多个约束性条件下的目标任务,这给基层教育行政部门和学校带来了巨大的压力和挑战,短期内取得成效并兼顾存在冲突的多个目标之间的平衡对他们来说无疑是一个艰巨的任务。国家逻辑将政策目标通过这种严格的体制传递给了下属部门和学校,然而,由于信息不对称和监督不力,地方相关部门和学校在政策执行时往往倾向于首先满足其自身利益而非公共利益,他们通常在审批、评比等领域设置自由裁量权来消解统一政策指令对其的约束力,以此谋取私利,甚至还有可能出现共谋行为,这就是许多弄虚作假行为大行其道的原因,国家逻辑在某种程度上呈现出一种无力的状态。而社会逻辑由于多方面的原因,也难以形成合力,限制了其监督作用的发挥,社会逻辑对校园足球政策执行主体的作用力度与其他逻辑场域相比明显偏弱。

科层逻辑在众多因素的共同作用下兴盛起来,一定程度上促进了政策的高效执行,但同时也带来了一系列冲突和矛盾。首先,存在政策压力与执行能力之间的矛盾问题,校园足球政策的最终效果优劣很大程度上取决于政策本身和执行能力的有机结合,在科层组织体制中,不断扩大的组织结构规模和层级链条的不断延长必然会导致链条之间的松散状态,给政策本身与执行环节之间注入大量的不确定因素,从而削弱甚至消解政策预期,导致校园足球政策偏离初衷。国家对校园足球发展进行不断地推进并频繁出台政策,在某些地区,政策目标与客观执行环境存在冲突给基层实施者带来巨大的执行压力。中国的行政结构呈倒金字塔形,这容易导致上层政策出现"一统性"和内容的"一刀切"特点,在这种压力体制下,基层政府为了完成校园足球的"政治任务",可能会选择性地执行或变通执行。然而,校园足球发展环境存在着大量差异,如经济社会发展不平衡和教学训练资源的差异化等,这种差异性和不平衡性意味着政策执行能力存在差异,只有当政策压力与执行能力达到平衡时,任务的落实才容易推进。当国家政策赋予地方教育行政部门和学校实际的执行压力时,他们在面对校园足球政策压力与执行能力相冲突的情况无法独立完成任务时,也为"权宜性"执行提供了生存土壤。其次,问题在于政策执行与激励机制的弱化。在校园足球政策压力不断扩大且与资源供给失衡的情况下,激励机制作为补充执行能力的工具显得尤为重要。

通常情况下,推动校园足球政策执行的激励工具主要有两种:一是晋升激励,二是物质激励。虽然,教育部等七部门印发了《全国青少年校园足球八大体系建设行动计划》,提出:保障一线体育教师、足球教练在职称晋升、评优评先、薪酬等方面的合理待遇。建立和完善校园足球教师和教练员超课时训练、带队比赛工作量认定政策,并将其作为绩效工资分配的重要参考,以及对相关政府、组织、企业和个人为校园足球发展做出的突出贡献进行认定,其中一线体育教师、足球教练在职称晋升、评优评先等方面予以倾斜支持。[①] 然而实际情况是,在基层工作人员和教师中存在着一系列困境。首先,职称晋升等政策在基层和学校的实施并不充分,这导致大多数工作人员和教师晋升的机会有限。他们对于升职并没有太大的期望,因为晋升的条件也十分苛刻。这种局面严重限制了基层工作人员和教师在职业发展方面的积极预期,激励机制也相应地变得较为薄弱。其次,奖励体系不够完善是另一个问题,除了基本工资外,工作人员和教师几乎没有实质性的奖励或者只有金额较低的奖励。

总而言之,激励措施在政策执行方面的作用明显减弱。由于资源有限的客观限制,政策执行能力不足,而上级任务又无法得到有效地落实,这种情况下激励措施的减弱进一步增加了基层行动者寻找其他方式应对

---

①　教育部等七部门关于印发《全国青少年校园足球八大体系建设行动计划》的通知[J]. 校园足球,2020(9):4-11.

政策压力的倾向,必然导致政策执行上的权宜化。

二、政策执行主体的操作空间

尽管校园足球政策执行者处于严密的政策执行体系中,但实际上基层人员仍拥有广阔的操纵空间,这种弹性的政策空间为政策执行者提供了应对角色冲突以及采取灵活多样的政策执行方式的可能。

(一)自由裁量权

美国布莱克法律词典对行政自由裁量权的界定是:在特定情况下,根据职权以适当和公正的方式采取行动的权限。[①] 戴默克指出,行政自由裁量权指的是在行政管理中,拥有自由选择或根据最佳判断采取行动的权力。詹姆斯·安德森表示:"行政机构通常运作在广泛且模糊的法规下,这给予了他们在决定是否从事某项行动时的自由空间。"[②]这些表述展示了学者们对自由裁量权本质的相对一致的理解,即法律赋予行政主体对特定事项进行管理并采取相应行动的权力。

在校园足球政策的实施过程中,各级地方政府起着至关重要的作用,他们具备对下级政府和相关机构进行选拔、任命、晋升和管理的权限,从而能够有效地推动其行政意图在下级政府层面得以落实。上级政府官员的行政指令往往比中央或更高级别政府的政策意图更具权威性,这使得各级地方政府及其职能部门在决策时以此为依据。然而,由于政策执行情境的复杂性,校园足球政策的执行者经常面临各种挑战,尽管政策经过了精心的设计,但不可能考虑到所有情况,因此执行者需要具备一定的灵活调整政策的空间。同时,一些政策规定过于模糊,使用了不明确的语言,或者在特定条款上使用了模糊的词语,如"合理的""视情况而定""适当"等,既缺乏具体的政策解释,又没有明确的政策范围,使其操作性不强。此外,某些指导性政策赋予了执行者过大的裁量权,如果他们无法有效地把握执行的幅度,就可能导致权力滥用。为减轻一统性政策对基层

---

① 皇娟,唐银彬.复杂情境与多重应对:基层政策执行者的行动逻辑——基于四川省 X 镇精准扶贫政策执行的个案[J].广西师范大学学报(哲学社会科学版),2022,58(6):55-68.

② 李春成.行政人的德性与实践[M].上海:复旦大学出版社 2003,38.

部门和学校的约束,审批和评比等方面常设有自由裁量权,然而,这些自由裁量权往往被滥用于谋取个人利益而非更好地实现政策目标。校园足球的发展监管主体缺位使得自由裁量权难以受到有效的制约,足球教师在校园足球工作中往往仅充当实施者而非管理者,受制于学校领导的指令,广大学生忙于完成足球教师所安排的训练任务,缺乏发现校园足球问题的能力,并且不敢向教师或上级领导反映意见,这种状况就导致其与监管主体之间的联系受到阻碍。而校园足球的上级监督主要以听汇报和观察名次为主,监督评估形式较为单一和薄弱,并没有真正起到应有的监管作用。①

(二)信息不对称

由于基层执行人员与管理者的关注点不同,基层执行人员更关注如何完成工作要求并保护自身利益,而管理者则更关注工作表现和激励晋升。在复杂的一线情境中,基层政策执行者往往具有信息优势,他们更了解政策实施的环境和条件。与此同时,政策制定者和监督者可能无法获得关于一线工作的详细信息,处于信息劣势之中,这种信息不对称可能导致基层执行者对政策信息的解读和执行方式与管理者存在差异,进一步加大了双方之间的利益分歧。② 政策在执行过程中引发的中央政府与基层部门及学校之间的信息不对称程度,直接影响着基层部门和学校进行成本收益分析。如果信息不对称程度较高,基层部门和学校对政策的变通执行被发现的可能性就较低,这可能使得基层部门和学校更倾向于采取机会主义行为,因为这种行为被发现和惩处的可能性较低。当信息不对称和利益不一致同时存在时,基层部门和学校很可能会采取机会主义行为以最大化自身利益。③ 如要有效的限制基层部门和学校的自利行为,上级监管部门就必须掌握足够充分的信息,然而基层部门和学校是直

---

① 戴狄夫,金育强.我国校园足球政策执行的利益辨识与制度规引[J].武汉体育学院学报,2018,52(10):38-43.

② 皇娟,唐银彬.复杂情境与多重应对:基层政策执行者的行动逻辑——基于四川省 X 镇精准扶贫政策执行的个案[J].广西师范大学学报(哲学社会科学版),2022,58(6):55-68.

③ 殷华方,潘镇,鲁明泓.中央—地方政府关系和政策执行力:以外资产业政策为例[J].管理世界,2007(7):22-36.

接参与者和执行者,他们对于政策的具体实施环境、资源分配、利益相关者的需求和反应等方面有更深入的了解,上级监管部门将不可避免地面临信息不对称的问题。[1] 由于信息不对称,在适宜的制度环境下,学校和地方教育行政部门可能会因为共同利益而选择合谋,以最大化他们的预期收益,这种合谋行为可能导致校园足球政策执行偏离正轨。在校园足球政策执行过程中,有些学校出于追求政绩的目的,急于发展校园足球,仅为了表面上获得特色学校称号,他们可能编造数据进行欺骗,个别主管部门也可能与学校串通一气,对这种造假行为采取包庇甚至纵容的态度,以对抗上级的检查。信息不对称是串通合谋的重要因素之一,当合谋者垄断信息而其他参与者缺乏信息时,就会出现不同政策主体之间的信息不对称情况,这会导致合谋行为无法被有效地监督和制约,为串通合谋行为提供了必要条件。[2] 在校园足球政策执行过程中,基层部门和学校可能会形成某种利益共同体,通过相互配合、达成共识来最大化各自的利益。因为上级监管部门难以完全掌握基层部门和学校的实际执行情况,中央政府必须依赖地方校园足球主管部门来监管校园足球的发展[3],而各级官员又有着实现本地区校园足球发展以取得政绩的共同目标,因此上下级之间有机会通过合谋来获取这些政绩。

三、校园足球政策执行主体的行动策略

校园足球政策执行的主体面临着政策执行环境的冲突,同时也拥有一定的操作空间。在科层逻辑的影响下,各个部门都追求自身利益的最大化,政策执行者不仅仅是公共利益的代言人,而且更多地拥有基于“政治理性人”的行动逻辑。下级政府主要通过与上级政府保持良好关系来获取政治利益,这使得下级政府能够顺应上级政府的指挥,在发展主义意识形态下,政治理性更多地体现在对奖励、职位晋升等个人利益的追求方

---

① 殷华方,潘镇,鲁明泓.中央—地方政府关系和政策执行力:以外资产业政策为例[J].管理世界,2007(7):22-36.

② 王春城.公共政策公共性偏离的发生机理——基于政策活动者行为逻辑和条件的分析[J].国家行政学院学报,2014(4):86-90.

③ 王春城.公共政策公共性偏离的发生机理——基于政策活动者行为逻辑和条件的分析[J].国家行政学院学报,2014(4):86-90.

面。基层部门和学校作为主要执行者,在政策执行过程中具有独立的利益,他们会通过成本收益分析来确定最佳行动方案。[①]

随着校园足球的不断推进,政策压力也传导到了基层。校园足球运动已成为基层的"政治任务",在高度紧张的任务评估环境下,基层政府需要审慎审核、筛选和排序各项政策,并采取有选择性的执行方式,需要优先完成那些领导关注程度高、监督力度强且具有量化指标的政策要求[②]。这成为基层政府承接公共政策的重要行动策略,使其能够在资源有限的情况下尽可能地完成上级政府所传达的任务。[③] 政策环境对行动选择产生影响的一个重要途径是通过明确中心任务来塑造行动。在特定的政策环境下,政策制定者会设定一些中心任务和目标,这些任务和目标往往会成为该时期内政策执行和评估的重要依据。基层部门和学校作为执行主体,必须明确什么是中心任务,一项政策的重要性决定了中央政府对其的关注程度,以及在实施该政策过程中所投入的资源程度,基层部门和学校可以从中感受到中央政府的压力。[④] 一项政策的重要性越高,基层部门和学校背离执行政策的成本就越大。这是因为政策执行不仅是基层部门和学校的责任,也是维护中央政府权威和利益的重要手段,地方官员在判断哪些任务需要按照政治性逻辑执行时会考虑多种因素,其中包括发文层级和激励程度等。

在"压力型体制"下,基层部门和学校逐渐认识到忠实执行和策略性执行之间的界限。这种认识的逐渐形成导致基层部门和学校采用了三种策略:积极、避责和邀功。首先是积极策略,当政策符合执行主体的自身利益,并且执行主体高度认同政策价值时,他们将非常积极而忠实地推动政策的执行落地,这种情况通常出现在学校和教育行政部门。这种政策

---

① 殷华方,潘镇,鲁明泓.中央—地方政府关系和政策执行力:以外资产业政策为例[J].管理世界,2007(7):22-36.

② 罗昊.激活权利:公共政策选择性执行的发生逻辑与民情基础——基于G省Y镇人居环境整治的案例分析[J].中共杭州市委党校学报,2023(2):68-78.

③ 罗昊.激活权利:公共政策选择性执行的发生逻辑与民情基础——基于G省Y镇人居环境整治的案例分析[J].中共杭州市委党校学报,2023(2):68-78.

④ 殷华方,潘镇,鲁明泓.中央—地方政府关系和政策执行力:以外资产业政策为例[J].管理世界,2007(7):22-36.

执行行为仅存在较小的偏差,是一种较为理想的政策执行状态,本书将不作重点讨论。其次是避责策略,当校园足球政策不符合学校和教育行政部门的局部利益,或者缺乏校园足球发展资源,并且执行者对政策价值认同程度较低时,政策执行者为了完成任务并化解压力,就可能采用象征性执行、选择性执行等变通方式[1],此外,体育行政机构等其他校园足球相关部门也常常采用避责策略,因为校园足球发展并不是它们的核心业务和核心利益,即使取得了一些成绩也难以为其政绩增光添彩。在资源不足和激励减弱的情况下,基层执行部门面临着政策执行与实际能力之间的冲突,为了化解上级政策压力,他们常常采取权宜性策略。在资源不足、制度约束、激励减弱和问责有限的情况下,上级部门只能对基层的权宜性执行选择性地忽视,在上下互动的过程中,上级的容忍态度逐渐成为上下级之间心照不宣的行为。再者是邀功策略,一旦某项任务被上级部门认定为需要按照政治性逻辑执行时,该项任务通常会被相对高效地执行,并且优先于其他执行逻辑,包括基于法治的行政性执行逻辑,政策的重要性通常在领导干部的考核目标责任书中得到了一定程度的体现。在邀功的逻辑下,校园足球执行主体倾向于全力执行可以赢得政绩并获取资源的项目和任务,甚至会扩大化执行。而那些不符合政策热点、不容易产生政绩的项目则可能被排斥。在特定条件下,学校和基层教育部门都可能产生邀功策略倾向,当他们的利益一致时,他们常常会"合谋"打造政绩工程,以最大程度地实现各自的利益诉求。

由此校园足球顶层设计经过层层变通、扭曲,导致象征性政策执行、选择性政策执行、政策执行扩大化、政策执行的功能异化等偏差现象的产生如图 5.1 所示。

① Bekkers V, Vink E, Musheno, M, et al. Coping During Public Service Delivery: A Conceptualization and Systematic Review of the Literature[J]. Journal of Public Administration Research and Theory, 2015, 25(4):1099-1126.

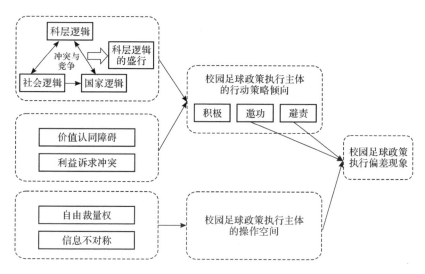

图 5.1 校园足球政策执行偏差的形成机制

第二节 校园足球政策执行偏差现象

一、象征性政策执行

象征性执行是指政策在实施过程中,只进行形式上的应付工作,往往重视外在表象而忽视政策内容的核心要义,更注重政策的布置而轻视实际执行的效果,这种政策执行方式通常被称为"形象工程"[①],尽管初看各个象征性执行环节和结果显得规范合理,然而在实际执行中,却存在着一系列投机取巧、敷衍塞责的现象。在避责策略取向下,象征性政策执行成为了那些政策执行意愿不强的地方部门和学校之惯常行为。政策执行者通常习惯于仅执行容易落实、要求明确的部分,他们对于不明确、具有较大自由裁量权的政策内容,则敷衍应对。正是这种象征性的执行方式,以及缺乏与实际情况相结合的具体执行措施,导致政府政策难以全面有效地落实。这种非正规的政策执行方法不仅影响了政策实施的效果和执行效率,使得政策执行严重偏离了既定的目标方向,还导致执行成本的损失

---

① 孙发锋.象征性政策执行:表现、根源及治理策略[J].中州学刊,2020(12):15-20.

和社会资源的浪费,进而损害政府的公信力和良好形象。

象征性执行行为在校园足球领域普遍存在,并非个别现象,甚至可以说是校园足球政策执行的常态。数据显示,全国已经成功建设了超过 3 万所校园足球特色学校,并命名了 102 个校园足球试点县(区),同时还成立了 12 个校园足球改革试验区,有 5500 万名学生参与足球运动。然而,目前各地都出现了"数字化"普及的问题,试图通过虚假的统计数据来营造一个看似繁荣的校园足球发展假象。在一些地方,申请建设足球特色学校仅仅是为了谋取国家对足球的专项补助,将校园足球政策视作获取利益的途径。要打造拥有足球特色的学校,需要进行大量的基础性工作,包括每周为学生安排一节足球课程,并积极组织课余训练和校内比赛。但许多学校在获得了特色学校的名号之后,却没有真正地推动校园足球的发展,大多数布点学校除了让一支球队进行正常的训练和比赛,以及为部分体育教师提供培训外,并没有取得其他实质性进展,还有部分学校甚至仅仅进行了一些更为表面的工作,如政策宣传、会议召开、局部包装和制作文件材料等,尤其是与普通学生直接相关的重要问题,如校内联赛、课外活动和校本课程等,始终都没有得到实质性改善,甚至有一些学校只是象征性地派出一个代表队参加比赛。由于各种限制,还有许多学校只能将足球课"落实"到课程表上,变成一节形式化的跑、跳、做操的课程。媒体曾广泛关注过名为"足球操"的事件,虽然后来有解释称"形式足球""节日足球""仪式足球"并不属于校园足球,仅仅是一种推广方式,然而这一现象依然值得我们警醒,毕竟类似的"球操"在其他项目中并未大规模的出现,因此,"足球操"现象或多或少的掺杂着"功利主义"思想。[1] 只关注表演的足球操使得体育项目形式化,严重违背了校园足球发展的初衷,也减弱了学生对足球运动的喜爱程度。

校园足球的象征性执行问题,也引起了教育部的重视,2018 年,教育部做出了重大决策,取消了 8 所学校的全国青少年校园足球特色学校资格,并责令 29 所学校限期整改。另外,省级机构要求被评定为不合格的

———————

① 戴狄夫,金育强.我国校园足球政策执行的利益辨识与制度规引[J].武汉体育学院学报,2018,52(10):38-43.

30 所校园足球特色学校摘牌，并对已认定的两万所校园足球特色学校进行了新一轮督查。这 30 所被要求摘牌的特色学校主要存在足球师资和教学开展方面的问题。而且这些摘牌的学校仅仅是问题学校的冰山一角，是其中问题最严重的一些典型案例，还有许多问题学校并没有出现在名单中。当初认定特色学校时，是基于这些学校具备的条件做出的评定。然而，在实施过程中，它们既没有开设足球课程，也没有组织训练和比赛，甚至许多学校的校园足球发展经费被主管部门和学校挪用到了其他地方，这是全国普遍存在的问题，在经济欠发达地区尤为严重。除了全国青少年校园足球特色学校，还有许多地区布置了省市级校园足球特色学校，这本应是一件好事，但其中同样也存在象征性推广和数字化普及的问题，出现了功利倾向，重视数量而轻视质量的现象较为明显。一些地方为了争取特色学校的荣誉，编造了一些数据和资料，复核结果也发现了诸多问题。在校园足球特色学校的复核工作中，有一套考核指标，最高得分为100 分，而在河北唐县的 12 所特色学校中，只有 4 所学校的复核得分超过了 60 分。

以上问题的产生，不能仅将其归咎于学校，上级主管部门在校园足球特色学校的筛选和审核过程中，也存在一些程序不够严密的问题。在一味地重视创建而忽视建设的功利目的下，许多地方存在着审核把关不够严格的现象。从审查的角度来看，各部门按照行政逻辑逐级申报、推荐和认定，协调配合方面似乎都符合程序。然而，在组织审核过程中，并没有真正做到严格要求，所有的审核都只集中在纸面材料上，缺乏对实地情况的考察，还有些地方并不完全重视学校的历史记录，甚至存在学校多次申报，甚至被取消资格后再次申报的情况。据 2018 年的统计数据显示，全国共有 5581 所学校提交了申报材料，然而还有 11 个省份的 23 所校园足球特色学校进行了重复申报。其中就包括了 4 所在 2017 年被取消资格后又重新申请的学校，这表明某些地方在审核申报学校方面存在着态度不严谨的问题，从而影响了我国校园足球特色学校的筛选秩序。此外，也有一些学校的申报材料存在造假嫌疑及粗糙且不完整的情况。在 2018 年的评审中，专家组长刘老师指出："各地方提交的申报材料质量参差不齐，大多数材料真实可靠，但也有虚报或瞒报的情况，尤其是在场地和师资方面,甚至有在申报材料中出现网络图片的情况"。因为校园足球的发展需要场地、师资等具体条件的保证,如果仅仅凭借书面材料来审核,很难辨别实体信息的真实性,从而导致虚报或假报问题无法在筛选审核中被发现。由于上级主管部门的审核监督只关注书面材料,忽视实地考察和实际效果,学校和基层部门会将其视为一种象征性政策,怀疑政策制定者和上级部门并不是真正地关心政策的实施效果。因此,在校园足球方面,他们更倾向于消极、虚假的执行方式,使校园足球成为了一项不受重视的"软政策"。此外,一些地方的审核完全是走过场。绝大多数情况下是教育部率先展开督查行动,而地方在上级要求重新审查之前才开始对校园足球的情况进行调查,这直接反映出地方对特色学校建设实效的重视程度不够。

二、选择性政策执行

校园足球选择性执行现象的产生也主要源于政策执行主体的避责策略取向,选择性执行指的是公共政策执行部门会根据自身利益筛选和过滤中央或上级的政策、指令,他们只选择对自身有利的方面来执行,对困难、风险大、成本高但收益小的项目则持排斥态度。

尽管校园足球具有多重价值和功能,但在一些体育资源和足球资源相对匮乏的区域和学校,受到政策的压力影响,行动者为了完成任务和缓解压力,可能会采取目标替代的策略。地方相关部门和特色学校追逐显性政绩的势头不断高涨。他们将宏观的、实质性的政策目标"发展校园足球"转变为微观的、单一的、可量化的政策指标,比如"校园足球竞赛成绩"或"校园足球人数",各级部门仅关注数字,并追求显性政绩,经常用数据来衡量政策执行的最终效果。一些学校将足球竞赛作为提高升学率的工具,过度灌输学生功利性竞争思想,这也会对学生的价值观和心理健康产生负面影响。当政策指标成为绩效考核的对象时,行动者会围绕这些指标开展行动,将原本作为考核和督促的数量型指标视为校园足球的核心价值目标,最终,政策指标达到了要求,甚至一些可量化的"硬指标"如校园足球特色学校的数量和参与足球运动的学生人数超额完成任务,数据显示,截至 2021 年,已在全国 38 万所中小学中遴选认定了校园足球特色学校 30559 所,达到了《中国足球改革发展总体方案》确定的目标,此外,还设立了校园足球改革试验区 38 个,遴选校园足球试点县(区)201 个,布局建设"满天星"训练营 110 个,但那些难以量化的"软指标",如足球教学质量提升和学生体育精神的培养等方面则难以得到有效实施,校园足球运动多元化的发展导向则被割裂成一元化的发展模式,已经偏离了政策最初的目标。

　　校园足球选择性政策执行的另一个重要特征是其偏向竞技而轻视普及,虽然理论上说,普及与提高可以相对并立,但在特殊的制度环境和复杂的社会关系下,两者之间的关系常常发生异化,为了促进中小学校园足球的发展,我们应通过普及和提高相结合的方式,满足不同层次和群体的学生对足球运动的需求,同时也可以培养出更多的足球后备人才[①],这正是我国足球运动改革背景下校园足球发展最根本的使命,也是中小学校园足球发展的基本定位。推广校园足球运动与争取联赛冠军的思路存在显著差异,前者注重基础建设,而后者则强调迅速取得成绩。加强体育基础建设需要增加对基础体育设施的投入,同时还要营造良好的学校体育氛围。这些成果可能需要 10 年甚至 20 多年才能显现出来,然而,一些地方的教育部门官员和学校领导可能不愿意等待如此长时间,并希望尽早取得成绩,以展示他们的政绩,实现个人的晋升和发展。一位教育部门的体育工作者曾说过:"我们都知道,校园足球、校园体育不应该仅以金牌为唯一指标,金牌无法解决所有问题,但如果没有金牌,就无法证明我们的工作取得了成果。"目前,我国中小学校园足球运动的典型特点是各种水平的运动队得以组建,甚至呈现出愈演愈烈的势头。[②] 中小学校园竞技体育并非决定竞技体育发展的关键因素,但我国一直以来都在推动校园竞技体育的发展,从而引领着校园体育的发展。特别是在当前中国足球运动发展的热潮中,这种推动和影响表现得更为明显。在中小学足球运动中,组队参赛已成为了一个最重要的环节,这些学校普遍采取的是"精

---

　　① 谢星星,冯丹丹.教育本源性视角下中小学校园足球发展现状及存在的问题研究[J].青少年体育,2022(9):55-57.

　　② 谢星星,冯丹丹.教育本源性视角下中小学校园足球发展现状及存在的问题研究[J].青少年体育,2022(9):55-57.

英足球"培养模式,即提前挑选学生参加集中训练,评估他们的竞赛能力,并确定他们的足球天赋。[①] 在"2017'绿茵星生代'全国校园阳光体育足球班级联赛发展研讨会"上,著名足球评论员、前北京国安足球俱乐部副董事长张路发表了严肃的呼吁。他指出,校园足球不能只看重比赛成绩、培养了多少足球后备人才等竞技方面的指标,否则将会影响校园足球以普及足球和体育教育为首要目标的发展方向。

根据全国校足办的数据,自 2015 年起,全国参与校园足球小学联赛的人数达到了 534.70 万人次,初中联赛的人数达到了 276.13 万人次(全国校足办,2018 统计)。然而,与全国约有 10093.7 万小学生和 4442.1 万初中生的总人数相比,校园足球的普及程度仍然较低。此外,参与校园足球联赛的人次并不能准确地反映实际参与足球联赛的人数,因为特色学校每年都会让学生参加不同类型的校园足球比赛。因此,统计数据中的一个参与联赛的学生可能产生多次的参与效果,比如延庆区某特色学校的纪老师表示:"我们学校的普通学生每年大约参加 10 场足球比赛,而学校代表队的学生每年参加各级各类比赛大约 30 至 40 场。"目前,中小学校园足球以参加上级教育部门或体育部门举办的赛事为主,每所学校通常仅组建一两支队伍参赛,参赛人数也非常有限。由此可见,尽管参与校园足球的人数有所增加,但实际参与竞赛的群体仍然以学校足球队的学生为主导,普通学生参与足球竞赛的机会非常有限。中小学校园足球竞赛往往将主要精力放在足球校队发展上,却没有那么热衷于校内班级联赛、年级联赛等普及工作的开展。此外,一些地方部门忙于组织各种教练员培训和出国考察学习精英足球人才培养的先进经验,将重点放在了筹建足球学院和培养精英足球人才上,而并非推广校园足球,惠及更多的学生。目前看来,无论是特色学校的校长还是地方教育部门的管理者,他们都倾向于追求校园足球发展上的显著成绩,尽管我国在校园足球特色学校的监管方面采取了多元化举措,并取得了一定的成效,但普及足球的监管却出现了弱化的趋势,相反,精英足球的推广正被日益强调。这种竞

---

① 谢星星,冯丹丹.教育本源性视角下中小学校园足球发展现状及存在的问题研究[J].青少年体育,2022(9):55-57.

赛培养模式在节约了大量资源成本的同时,也导致普及性赛事的缺失,无法全面改善校园足球文化氛围。这种"精英足球"的培养模式,也严重地阻碍了足球人才的发掘。①

选择性的政策执行必然会削弱校园足球的普及和推广。如果不及时阻止这一趋势,校园足球将陷入传统学校精英人才培养的老路,既无法实现足球的普及,也难以促进学生全面发展。因此,我国中小学校园足球工作,尤其是基础足球教学,应遵循教育的基本规律,让足球运动的教学回归教育本质,服务于学生的身心健康和综合素质发展。②

三、政策执行扩大化

邀功策略下,那些积极追逐政策热点、急切希望在校园足球领域取得政绩的政策执行主体往往会将政策执行范围扩大化。政策执行扩大化是指政策执行主体为了追求个人或部门利益,在原有政策基础上根据自己的理解和需求额外添加了一些内容,致使政策对象、范围、目标和力度超出了政策所设定的标准和要求,从而导致政策结果失真。

校园足球特色学校的兴建工作于 2015 年正式启动,教育部办公厅发布了《关于做好全国青少年校园足球特色学校及试点县(区)遴选工作的通知》,旨在在 2017 年前选出约 2 万所特色学校和 30 个试点县(区)。这是一项庞大的工程,需要 3 年时间来选出合格的 2 万所足球特色学校。截至 2017 年,教育部公布的名单中共有 20219 所挂牌足球特色学校,其中,2015 年首批公示的名单已包含 8651 所被列为全国青少年校园足球特色学校的中小学。一些基层部门和学校也紧密跟随政策热点。例如,江苏江阴计划在未来三年内,超过 80% 的学校成为足球特色学校。广州市则计划于 2016 年建立 500 所校园足球项目推广学校,并组建 5000 支校园足球队伍。然而,建设数百所足球特色学校和组建数千支足球队伍的规模是非常庞大的。首先,涉及的是校园足球师资问题,全国中小学体

---

① 蔡敏,蔡艺.我国青少年校园足球发展的问题反思、治理策略与革新——基于《八大行动计划》的分析[J].体育成人教育学刊,2021,37(3):63-69,95.

② 谢星星,冯丹丹.教育本源性视角下中小学校园足球发展现状及存在的问题研究[J].青少年体育,2022(9):55-57.

育教师普遍存在结构性缺编现象，专业的足球教练尤为匮乏，许多中小学的足球教练只能由其他项目的体育教师兼任，因此，保障校园足球的师资力量也是一个重要问题，在有限的专业足球教练队伍中，能够投入到基层的人数更是非常有限。此外，还涉及校园足球活动的经费来源等问题，如何保障经费来源？这些都是校园足球发展中面临的困难。根据《全国青少年校园足球工作发展报告(2015—2017)》，中央财政在 2015 年至 2017 年期间共投入了 6.48 亿元用于校园足球的支持资金，各省(区、市)也累计投入了超过 196 亿元的财政、体彩和社会资金用于校园足球的发展。虽然数额庞大，总计超过 202 个亿，但实际到达学校手中的数目并不可观。据广东的一位教练介绍，每年数十亿元的资金用于全国性和地方性赛事的组织，包括之前提到的全国中学生足球锦标赛，只有很少一部分资金交给学校，用于场地翻新、器材购买以及参加比赛等，并且教练员的薪酬并未计算在预算内。实际上，这些只是小节问题，一些拥有校园足球特色的学校甚至因为未收到经费而失去了资质。正如《全国青少年校园足球工作发展报告(2015—2017)》指出，按照现有办学条件，一所学校最多只能开设 1—2 门运动专项课程。因此，盲目扩张校园足球可能会挤占其他专项运动的资源。

当中央政策传达至地方、上级政策传达至下级时，通常经历了一个细化和具体化的过程，一般来说，这个细化和具体化的过程是政策执行中不可或缺的步骤，执行主体需要结合上级政策要求和本地区本部门的实际情况，制定实施方案和详细规定。从这个角度来看，政策制定与政策执行之间存在着紧密的联系，可以将政策执行看作是政策制定环节的延伸。在政策执行过程中，执行主体需要对政策进行再制定，这主要是因为上级制定的政策需要在包括不同区域在内的更广范围内实施，而不同区域存在着各自的具体情况。为了确保上级政策在各个区域都能适用，制定政策时必须过滤掉不同区域之间的差异性。这为执行主体提供了根据当地实际情况对政策进行细致化的空间，也可能导致执行主体添加一些与原有政策毫不相关甚至完全相反的内容。教育部决定在全国推广校园足球后，一些地方纷纷制定了"校园足球"发展计划，有些计划可能过于宏大，其中可能存在着"一刀切"的问题，比如将足球与升学挂钩，或者边缘化其他体育项目来突出足球。

教育部提出了校园足球"全体性"的概念,意在让更多学生参与足球活动。然而,一些地区和学校误解了这一概念,他们减少了对其他运动项目的支持甚至取消了原本的篮球、排球联赛,试图用足球来替代其他项目,有个别学校将所有体育课都变成了足球课,还有一些学校缺乏基础和条件,却抛弃了多年坚持的传统项目,希望在校园足球上取得所谓的"名堂",只是为了取得上级部门的认可,这种做法从一个极端走向了另一个极端。这种做法是对推广校园足球目标和内涵的严重误解,如此的"全体性"足球活动,一方面,有违"因材施教"的原则,引起了部分学生对足球运动的反感,反倒不利于足球运动的普及开展;另一方面,使得其他体育项目资源被挤压,剥夺了学生参与篮球、排球等项目的机会。国家体育总局局长刘鹏也明确表示,开展校园足球绝不意味着放弃其他体育活动,而应让足球起到引领的表率作用。

尽管足球是中小学体育的必修课程,但不能用其代替校园体育,更不能将体育课全部变成足球课,否则,那些被迫只能参与足球运动的学生会感到"身顺而心违,精神饱受巨大的痛苦",对此产生应付心态和抵抗情绪也是正常的反应。

根据《中国足球改革总体方案》的规定,发展校园足球的目标是让更多青少年学生热爱、享受足球,并将其作为体验、适应社会和道德规范的有效途径,国家把发展校园足球的重点放在了教育层面上。教育部和中国足协的负责人也多次强调,发展校园足球的真正目的是提高学生的身体和综合素质,促进青少年的健康成长。足球和篮球、排球等体育项目在促进学生身心健康方面各有千秋,每个项目都有自己独特的价值,并无高下之分,足球不可能完全替代其他项目。足球之所以成为校园体育的突破口,是因为作为世界第一运动,足球具有影响力大、门槛低、易于推广等突出优势。为了专注于足球发展而取消其他体育项目,这是短视和功利化的表现,与培养人才基础和培育足球文化的要求背道而驰。校园足球的"全体性"应该是为了让每所学校都有良好的足球氛围,让全体学生都有机会接触足球,并吸引适合踢球、喜欢踢球的学生参与足球活动。同时根据学生的特点和兴趣,提供多样化的体育运动项目,尽量满足学生的体育需求,只有这样,校园足球才能真正实现全体性,并促进学生们的身心健康成长。

四、政策执行的功能异化

政策执行的功能异化是指在地方政府履行职责的过程中,实际行动与中央政策原意相背离,却以中央政策名义执行政策。这种异化动机源自地方政府的自私性,他们为了维护自身利益而曲解政策原意和内容。

功能异化往往是各参与者在政策压力下达成的共谋结果,然而,这种共谋行为在一定程度上可以缓解部分政策压力,却也造成了校园足球发展的激励约束机制失效。[①] 自 2009 年开始,关于校园足球活动的各类文件密集出台,直接推动了校园足球的飞速发展,特别是 2015 年发布的《中国足球改革发展总体方案》。该方案作为中国足球改革与发展的重要文件,在校园足球领域起着至关重要的引导作用。这一改革设计层次高、力度大,标志着我国足球已经上升到国家战略的高度,对校园足球的健康发展具有重要意义。然而,需要注意的是,政治因素可能会对校园足球产生非正常的干扰,过度介入校园足球项目使得各政策执行主体将其视为一项政治任务,在这种无形的政治压力下,形式主义和功利主义的问题难以避免,从而影响了校园足球的正常发展,偏离了原有的价值理念。

压力型体制不仅是提升政策执行效果的有效手段,也可能加剧政策执行问题。在避责策略和邀功策略的双重作用下,许多校园足球政策执行主体出现了机会主义倾向,他们往往将校园足球视为获取政治资本的工具,将达到目标指标作为工作的核心。当基础不够充分的情况下要求实现政策指标时,政策执行者所面临的压力超过了他们的能力的范围,在这种压力型体制与高难度的绩效目标下,作为理性行政人的基层教育行政人员和学校领导很可能产生机会主义行为冲动,从而出现目标置换的现象。[②] 政策压力导致了目标的替代,例如,在超过限制的政策压力下,

---

① 张立,郭施宏.政策压力、目标替代与集体经济内卷化[J].公共管理学报,2019,16(3):39-49,170.

② 李学.非理性绩效考评、组织依附与目标置换——一个地方政府微观失范行为的分析框架[J].公共管理研究,2010(8):105-116.

将培养学生的爱国主义、集体主义精神,以及奋发向上和顽强拼搏的意志品质等难以量化、模糊和难以完成的目标被迫替换成"竞赛成绩"的追求[①],这一工具性目标已经成为评价校园足球发展的标准。当绩效考核指标被视作政策目标时,其结果就是考核的重点集中于那些被视为"中心任务"的工作,并采取各式各样的手段来尽量完成数字指标[②],因此必然倾向于发展"短平快"的项目,甚至采取投机取巧的方式完成任务目标,校园足球在起步阶段就面临着急功近利的问题。

受技术性目标压力的制约,许多学校出现了一些工具理性泛滥的现象,如违规招收足球特长生、盲目追求足球荣誉,以及忽视其他体育项目的情况并不罕见。著名足球主持人黄健翔在他的微博上发表了评论,他表示虽然推广校园足球能带来很多好处,但也可能带来一些潜在问题。他担心足球会变成一种类似于"奥数"的形式,学生们只关注比赛成绩,而忽视了体育运动的乐趣和培养兴趣的重要性。有些学校要么整天只顾着训练和比赛,把学校变成了一个"体校",要么只关注少数几名足球队员的发展,让大部分学生成为校园足球的"观众"。

随着我国各级各类学校推行"足球运动进校园"政策,对于校园足球的正常发展而言,追求名利、急于求成以及过早专业化等不合理现象在一些地方愈发严重。个别学校出现了超出青少年生长发育实际的畸形训练现象,其中包括青训和校园足球存在过早竞技化、专业化和成人化的思想。一些学校甚至要求学生每天训练 2—3 个小时,希望能够持续进行训练。这些异常训练方式给学生们造成了巨大的压力,尤其是在幼儿园和小学阶段。孩子们的生长发育需要遵循一定规律,体育运动首先要保证孩子身体的正常发育。在幼儿园和小学阶段,柔韧性、灵敏性和协调性的培养尤为关键,校园足球应该结合其身体发育的敏感期来培养孩子们的各项素质和技能,而不是急于求成或过早专注于某个领域。过度训练不仅无法促进孩子的正常成长,反而可能产生负面影响,例如身高停滞或心

---

① 蔡敏,蔡艺.我国青少年校园足球发展的问题反思、治理策略与革新——基于《八大行动计划》的分析[J].体育成人教育学刊,2021,37(3):63-69,95.
② 张立,郭施宏.政策压力、目标替代与集体经济内卷化[J].公共管理学报,2019,16(3):39-49,170.

脏问题等,得不偿失。此外,事实上,绝大多数孩子最终无法成为职业足球运动员,校园足球的主要目的是培养他们的综合素质,在校园足球的教学过程中体育教师应该让孩子们充分享受足球运动的乐趣,并且获得健康和成就感①,对于踢球和学习文化课程,应该保持平衡,而不仅仅专注于足球职业发展,过早地将孩子们推向专项化训练可能会对他们其他方面的发展造成阻碍。这些现象表明校园足球不仅偏离了发展方向,还带来了严重问题。这必然让家长们做出选择,大部分家长都会意识到踢足球这条道路过于艰辛,从而不得不放弃足球。上海绿地申花俱乐部技术总监吴金贵表示:"过去,一旦发现有潜力的孩子,我们就急于将他们固定在一个地方进行训练,但实践证明,这些孩子往往很难取得成功。"他认为,过早地进行集中训练虽然可以让年轻球员在技术上快速进步,但缺乏足够的认知和思维能力以及人格教育将会阻碍他们达到"顶尖"的水平,而足够的认知和思维能力以及人格教育需要学校的文化教育来培养。

对足球考级过度关注也是校园足球发展的一种典型的功利行为,对于从事足球训练的孩子而言,获得一、二级运动员证书就等同于获得了大学录取通知书。在某些地方的小升初和高中入学考试中,学校会给予足球特长生降低分数录取的机会,一般在提档线的 60% 左右。然而,现实情况是,学校对足球特长生的测试内容往往只限于颠球、带球绕杆和定点射门等几项基本技能。有些同学甚至只专注于这三项内容,普通人只需练习三个月颠球即可达到标准,但当他们加入学校的足球队时,教练经常面临一些困扰,因为他们传球的偏差可能达到两米。此外,很多人没有打比赛的经验,更不用说 11 人制的比赛了。这些学生们也未经过系统的训练,缺乏比赛所需的整体观念、协调性和预判能力。教练只能从最基础的要素开始教学,这对中国足球的健康发展非常不利。

有关校园足球是否会变成"应试教育"的争议也一直存在。在政策层面上,教育部将足球纳入中考的决定固然在一定程度上推动了校园足球的发展,但如果执行得不到位,就有可能陷入"应试教育"的困境。家长们心存疑虑的其中一个原因是担心足球会成为必修课,并纳入学生综合素

---

① 刘兵. 对中国足球,一位老足球人有话说[N]. 工人日报,2023-03-22(8).

质评价档案且与升学挂钩,这势必会增加孩子的学习负担。因此,在我国,校园足球尚未具备与升学择校挂钩的条件。其晋升机制也不明晰和完善,大多数人甚至将其视为升学的障碍,更不用说它与学科应试教育争抢优势了。在我国的教育体系中,除了关注孩子的身体健康,家长们更关心的是孩子未来的出路和前途。当升学压力增大时,许多学生或他们身边的同学被迫放弃足球的情况很常见。如果想以校园足球为推动力,助力中国足球竞技水平的提升,就必须建立严格而完善的机制体系。在发展校园足球的同时,还需要有系统化和成熟的青训以及严格的选拔体制作辅助,帮助真正有天赋和能力的孩子走上职业足球道路。

受功利主义的影响,校园足球赛事中存在着隐瞒年龄以大打小、冒名顶替等行为,这些现象对孩子们的足球梦想构成了威胁。近年来,我国高度重视校园足球的发展,在全国范围内组织了许多校园足球联赛。这些比赛的结果直接关系到各校被评为"校园足球特色学校"的机会。因此,一些学校和学生为了获得更好的成绩,采取了冒名顶替的手段,甚至有学生参与打假球等不良行为。早在 2017 年 11 月,就有一位学生家长通过社交平台曝光了河南省濮阳市第三届青少年校园足球联赛中的一场异常比赛。在这场比赛中,油田一高以 30∶0 的惊人比分战胜了油田三高,凭借净胜球优势超过了油田二高,夺得了冠军。据透露,油田三高在收官战前的成绩为 7 胜 2 负,排名联赛第三。尽管油田三高和油田一高在整体实力上有差距,但很难想象两队之间会出现 30 个球的巨大差距,这些丑恶现象严重影响了校园足球的形象和健康发展。本应该帮助学生树立正确的价值观、培养良好的品德作风的校园足球活动却变成了诚信缺失的不良示范,背离了政策初衷。对此,金志扬表示,在推进校园足球时,必须明确其教育目标和全局观。校园足球不仅仅是一项体育活动,更是一种教育方式,其目标首先应该是培养学生的意志品质和身体素质,然后才是为中国足球的腾飞作出贡献,只有坚持这一定位,校园足球的发展才能避免盲目涌入和短暂热情后的放弃。[①]

---

① 李恒.校长领导力对学校体育发展的体现研究[J].青少年体育,2018(11):34-35.

第六章　校园足球政策执行偏差的治理机制

第一节　提升校园足球政策制定的科学性

一、注重校园足球政策目标设定的合理性

政策执行是以制定公共政策为逻辑起点的过程,而政策本身存在缺陷可能会导致执行过程中出现冲突,从而影响政策的有效推行。其中,政策缺乏合理性是造成一些政策无法有效推行的常见原因之一,政策的合理性是指政策是否与客观问题密切相关,政策规定是否反映了现实情况,并且政策所规定的行为是否符合事物的发展规律。① 此外,政策的合理性还涵盖另一个方面,即政策的可行性,也就是切实解决政策问题所需的条件是否具备。美国著名管理学家德鲁克曾指出:"政策执行的第一个严重错误在于制定者设定了超越实际可行的政策目标。"

中国足球改革发展总体方案的目标是推动校园足球的普及和发展,该方案预计,到 2025 年,校园足球特色学校数量将增至 5 万所。然而,虽然相关部门公布了相关数据称:"至 2023 年,全国已建有 3 万多所校园足球特色学校,有 5500 万名学生参与校园足球活动",但实际情况并不容乐

---

① 王科研. 中国公共政策执行中政府和目标群体利益博弈分析[D]. 沈阳:东北大学,2010.

观,我们无法知晓这 3 万多所足球特色学校中有多少是货真价实的足球特色学校,也无法知道这 5500 万名学生中有多少是真正在踢球的。这些目标的设定忽略了开展校园足球运动的现实环境和资源,忽视了校园足球氛围形成所需的时间。一味追求速度、追求数量而不注重质量的特色学校建设方式,是人才、资金等资源的浪费①,也影响了那些真正在发展校园足球的学校,稀释了其发展资源。此外,这些不切实际的政策目标传递也给政策执行者一个信号——校园足球只是象征性政策,这使得他们认为中央政府政策制定者可能并不关心政策的实际效果,而只关注数字和政绩。因此,他们也可以"光明正大"地消极执行政策。

顶层设计作为一种价值观的指导,必须紧密结合当前现实情况,并循序渐进。在制定校园足球政策时,必须摒弃形象工程和政绩工程的思维方式。教育部门作为校园足球的主导力量,以及体育部门作为专业足球人才培养机构,应根据我国校园足球的实际情况,调整和匹配自身的顶层设计。设定校园足球的发展目标时,应充分考虑所需资源和环境条件,并科学合理地循序渐进,同时给予一定的灵活性和适应性,以避免校园足球政策成为空中楼阁。只有这样,才能防止和减少由于资源和环境限制而导致的执行偏差,避免政策执行者对政策制定意图的质疑,从而确保校园足球能够持续健康地发展。

二、掌握校园足球政策模糊性与清晰性的平衡点

部分学者提出,当前我国青少年校园足球特色学校的创建标准缺乏科学性。他们认为,在创建和评估校园足球特色学校时,可测性是至关重要的指标之一。为确保评估过程能准确观察到每个指标的情况,重新制定评价标准应该着重于可量化或易于评价的内容,而不再包括先进的教学理念等指标。

模糊性过高的政策确实可能引发一系列问题,如政策条款模糊不清,执行过程中便难以准确把握,进而实施难度增大,不同的人对政策的理解

---

① 杨献南,吴丽芳,李笋南.我国青少年校园足球特色学校管理的基本问题与策略选择[J].体育科学,2019,39(6):3-12.

可能存在差异,这就导致执行效果不如预期,模糊的政策条款也使得评估和监督变得更为困难,无法准确判断政策执行的效果,难以进行有效的问责和改进。另外,模糊的政策条款使得政策制定者和执行者拥有过多的自由裁量权,导致政策透明度降低。然而,在政策执行过程中,政策清晰性固然有其优势,但政策的精准和透明执行往往只是理想情况,适度的模糊性也是非常有必要的。因为政策制定是一个动态的完善过程,模糊的政策条款可以为执行者提供更多自主决策的空间,可以适应不同的情况,使得政策执行者能够更好地应对复杂的治理情况,从而保证执行效果。

所以务必要在具体情况下寻求清晰性与模糊性的平衡,确保政策执行的一致性和灵活性。在制定政策时,要明确政策的目标和原则,这可以帮助我们在执行政策时有一个清晰的方向和指导原则,同时,也可以为政策执行者提供更多的自主决策的空间。在政策中,可以使用一些笼统性的要求,以便给执行者更多的自主权和灵活性。同时也需要策略性地使用模糊性的手段,提高执行者的能力和素质,同时加强协调和沟通,让政策执行者、政策对象以及相关社会主体可以通过自主协调来解决问题,这样做有助于尽可能地容纳各种利益诉求,争取更多的支持。在校园足球政策的落地过程中,为了处理不同地区执行环境的差异,我们需要确保校园足球政策具备可行性和适用性。因此,我们不能简单地采取一刀切的方法,而是应该适当地运用原则性和规范性的语言,为地方教育行政部门和学校灵活执行政策留出一定的调整空间。例如,在校园足球的验收和评优标准方面,我们需要进一步优化,避免仅仅依据参赛人数和比赛次数来进行评估。因为这样的标准经常无法准确地反映实际的执行情况,反而导致一些校园足球发展条件不足的地区通过各种变通方式刷数据或者编造数据。当然,我们也必须认识到模糊性和精确性是相互关联的,二者之间存在辩证关系。我们也需要认识到模糊性政策的应用是有条件的,它需要满足问题复杂、信息有限、执行者能力足够以及监督和评估机制完善等条件,在这些条件下,模糊性政策可以发挥其优势,为政策的制定和执行提供更多的灵活性和自主决策空间,否则,模糊性就变得毫无意义。①

三、推动校园足球政策决策主体多元化

随着我国社会经济和政治文明的持续发展,公共政策决策机构的变革成为了必要,传统的单一决策模式已经难以适应当前多元化的社会格局,公共政策的制定不应再由单一主体主导,而是需要在各种利益冲突中寻找平衡,以确保政策的顺利实施和社会的稳定进步。由于利益上的冲突,各个决策机构都在努力巩固自己的地位,追求自身的利益,这种竞争不仅促进了政策制定的多样性和灵活性,也增加了政策制定的复杂性和挑战性。公民参与对于政府自身建设起到了重要的推动作用,有助于建立更加民主、透明和高效的服务型政府。公民可以直接参与政策制定的讨论和决策过程,为政策制定提供了更加全面和准确的信息反馈。这有助于政策制定者更加全面地了解社会各方面的需求和利益诉求,从而制定出更加科学、合理和可行的政策。同时,随着参与主体范围的扩大和利益群体的增多,公民参与的多样化也将对政策制定产生积极的影响。更多的公民参与到公共决策中来将为政策制定者提供更多的信息反馈和意见建议,有助于他们更加全面地了解社会现实和民意需求。

校园足球政策决策权力主要集中在教育部等少数行政机构手中,这导致决策过程中缺乏多元主体的参与,如市场主体、社会组织和公民等。这种缺乏多元化的决策模式可能忽视了各方的利益诉求和价值观念,使得决策结果可能偏离实际需求。其次,决策者往往对目标群体的意愿视而不见,形成了明显的"精英决策"倾向。这种倾向可能导致决策结果与广大目标群体的实际需求脱节,进而影响到校园足球的健康发展。因此,建立民主决策机制,让各方利益主体都能参与到决策过程中来,是校园足球体制改革的重要方向。为了实现这一目标,我们需要建立完善的信息沟通、收集和反馈机制。通过这些机制,我们可以更好地了解目标群体的价值需求,将这些需求纳入决策过程中,使决策结果更加符合实际需求。同时,这也需要我们摒弃决策权力高度集中的模式,实现决策的民主化和

---

① 张卓. 中国转型期公共政策制定的模糊性问题初探[D]. 哈尔滨:黑龙江大学,2007.

科学化。具体来说,我们可以逐步建立起一元主导、多元参与的决策架构。在这种架构下,政府仍然发挥主导作用,但同时也鼓励市场主体、社会组织和公民等各方利益主体参与到决策过程中来。这样可以确保决策结果的全面性和公正性。此外,我们还应该注重对决策权力的横向划分。根据不同行政部门的职能特点,合理分配和制度化决策权限。例如,教育部可以专注于校内足球管理体制改革和足球课程推广,而国家体育总局则可以致力于构建校园足球训练、比赛和选拔体系。这样可以确保各方在各自擅长的领域发挥专长,共同推动校园足球的健康发展。总之,校园足球体制改革需要在政府主导的基础上,加强多元主体的参与和合作,实现决策的民主化和科学化。同时,也需要注重对不同行政部门职能的合理划分和制度化安排,以确保各方能够协同工作,共同推动校园足球的健康发展。①

第二节　提升校园足球政策执行的有效性

一、加强校园足球政策宣导,增加政策价值认同

执行人员是决定校园足球政策能否成功实施的关键因素之一,他们对于政策的认知、回应态度和回应强度将直接影响其对政策的执行意愿和行为。当相关主体能够认同政策的价值时,他们往往会自觉地承担起责任和义务,并积极地推动政策的落实;而当一些政策不被执行者所认同,但迫于外部压力不得不执行时,执行者常常会采取变通策略,如虚假执行或扭曲执行。

在很大程度上,校园足球政策的执行偏差也源于人们对校园足球的价值认知存在不足或偏误。为了解决这一问题,我们需要加大对校园足球政策的宣传力度,帮助基层政策执行者更好地理解政策的重要性,并以

---

① 邱林,王家宏.国家治理现代化进程中校园足球体制革新的价值导向与现实路径[J].上海体育学院学报,2018,42(4):19-25.

正确的态度和方法来执行政策,从而实现校园足球的健康发展。通常来说,许多校园足球政策条文相对笼统和简短,无法完全反映出具体政策的依据和意义。这导致执行者获取和理解的信息可能是不全面的,尤其是他们对政策内容中的指导思想和价值观念的理解容易产生误解。

为了增进校园足球政策的认同度,要做到以下几点。

首先,需要加强对政策内容中指导思想和价值理念的宣传,特别是要强调"首先是教育,然后才是足球"这一核心理念,校园足球运动的首要目标是提高学生的身心健康水平,实现学生的全面发展,而足球的其他功能和任务居于次要地位,这样的宣传能减少因不同的主观认知产生的执行误差。

其次,应该增强政策执行者对政策预期效果的信心。只有拥有对"校园足球活动"和"学校体育发展"前景的坚定信念,并加强执行者对自己在校园足球发展中角色责任等相关信息的了解,消除和减少角色模糊,增强使命感,政策执行者才能坚决而富有创造力地实现政策目标。

最后,必须让校园足球政策执行主体充分认识到校园足球政策与自身利益的密切关系,使其自觉地接受和执行校园足球政策。

二、合理配置校园足球政策压力与动力

压力型体制对政策有效执行起到了不可替代的作用,在现代管理实践中,压力型体制以其独特的优势对于确保政策的有效执行起到了至关重要的作用。这种体制通过设定明确的目标和期望,以及相应的责任追究机制,使得各级执行者都能够清晰地认识到自己的职责所在,从而更加积极主动地投入到工作中去。激励机制是激活基层执行部门的重要动力,它不仅能够激发政策执行者的积极性和创造力,还能够提高整个组织的执行力和效率。但校园足球政策的压力与激励机制存在着明显的错位与失效现象,需要努力探索最佳的"压力—动力"组合以提升其效率。

(一)科学调控政策压力

为了确保压力型体制的有效运转,必须实现政策压力与执行能力的动态平衡。在校园足球政策的实施中,合理的政策压力可以提升执行效

能,并产生积极的"催化效应"。然而,如果压力过大,可能会导致政策执行的扭曲和变形。因此,在校园足球政策执行的不同阶段,需要根据具体情况进行适应性的压力调控。首先,要给予政策执行者充分的调适空间。这意味着在制定政策时,应考虑到执行者的能力和实际情况,避免过高的期望和不切实际的要求。同时,也要为执行者提供必要的支持和指导,帮助他们更好地理解和执行政策。其次,要向基层部门匹配相应的政策执行资源,这包括人力、物力、财力等各方面的资源。只有基层部门具备足够的资源时,才能有效地执行政策,并应对可能出现的挑战。此外,还要逐步拓展基层部门的承压空间。这意味着在政策执行过程中,要不断总结经验教训,及时调整和完善政策,使之更加符合实际情况。同时,也要鼓励基层部门积极探索创新,提高自身的承受能力和适应能力。

(二)优化激励机制

校园足球在许多地方已经成了一项"政治任务",并成为了一些部门和个人追求政绩的"舞台",在政绩思维的驱使下,许多执行者往往会对政策进行层层加码,过于频繁的奖励表彰会加剧他们的功利心态,为了改变这一现状,需要适度降低奖励表彰的频次和力度;同时还需要优化当前的校园足球激励结构,将短期绩效与长期绩效、隐形绩效与显性绩效相结合,引导基层部门和学校领导树立正确的校园足球"政绩观",处理好显功与潜功的关系。

三、实现校园足球政策执行主体权、责、利三者的有机统一

政策执行过程中,权力、责任和利益三者应该形成一个有机的整体,以确保校园足球政策具有充分的保障、动力和压力,真正实现权力、责任和利益的有机统一,从而不断提升政策执行效果。首先,权力、责任和利益必须相互匹配,避免出现权力过大责任过小、有责任无权力或有责任无利益的问题。其次,权力、责任和利益必须明确清晰,使执行者清楚了解自己的责任范围、权力边界和获益情况,以及具体的考核和管理方式。

为保证校园足球政策的有效执行,需要构建利益激励相容机制,并扩大交叉利益范围。利益激励相容机制可以使执行者在追求政策公共利益

的同时满足其自身利益,从而保持局部利益与公共利益的一致性,提高系统的协同力。构建利益激励相容制度的重要任务是实施差异化、多样化、人性化的考核制度。通过这种制度,不仅能够让政府自身利益与公共利益在合理的限度内相协调,还可以在倾听基层政策执行者的利益诉求的基础上制定政策实施方案,找到利益的契合点。这不仅是政策执行主体灵活执行的有效途径,也是提升政策执行效果的重要步骤。在校园足球政策实践中,地方部门和学校领导通常关注资源和权力的最大化,而普通教师更关心福利待遇和工作环境的改善。应该充分尊重这些合理的利益诉求,并将校园足球发展的绩效与各级执行部门、学校及相关者的政绩和成绩挂钩,以实现学校、体育教师与管理部门的利益地有效整合。

为提升政策执行能力,需要构建一个科学的权力配置体系。上级部门应该给予基层部门和学校足够的空间来灵活地执行政策,并投入相应的资源来增强他们的执行权威。这样可以调动基层部门、学校和教师的积极性和主动性,更好地发挥他们的能力。

我们亦需建立科学且有效的考核机制,通过全面的评估、监督与问责,可以确保政策执行责任的明确化,提升执行者的责任感与使命感。要明确政策执行的责任主体,政策执行的责任应该明确到具体的部门和个人,这样可以避免出现推诿、扯皮等现象。[1] 对于校园足球政策的评选审核过程,应通过随机抽查和实地考察来进行,这样可以增加对学校申报材料的透明度和真实性的了解,及时发现并纠正虚报和假报行为,这种震慑作用可以防止学校隐藏或虚报信息,提高数据材料与实际工作的一致性。并要对政策执行不力的地方和学校进行有效的负向激励,促使他们更加重视政策执行的质量,具体措施包括减少校园足球发展经费、限期整改以及取消全国校园足球特色学校的资格等。[2] 监督评估的另一个关键点是需要建立一个独立于执行机构的评估与监督机构,这样可以确保评估和监督工作的公正性和有效性,避免执行机构在监督过程中扮演双重角色,也就是说,避免执行机构既是政策的执行者又是政策的监督者。

---

① 谭英俊.试论构建有效的公共政策执行机制[J].四川行政学院学报,2004(4):9-12.

② 杨献南,吴丽芳,李笋南.我国校园足球试点县(区)管理的基本问题与应对策略[J].沈阳体育学院学报,2020,39(5):40-48.

此外,校园足球政策的执行涉及多个部门的责权利冲突。为化解这种冲突,应寻找各部门间的共同利益,通过有效的制度设计和合理的权责划分,制度化地推动强化部门间的合作关系。其中,青少年校园足球领导小组作为协同系统的核心组织机构,应充分发挥其协同治理和整合作用;教育部门应发挥其在统筹协调方面的作用,坚持多部门联动,特别需要加强与体育部门的协作治理;体育部门则要充分发挥自身的专业优势,做好各项赛事活动的组织和指导工作。

四、平衡校园足球政策执行的一统性与灵活性

政策有效执行还需要平衡好一统性与灵活性之间的关系。如果没有一统性作为前提,那么执行灵活性就变成了主观随意、各行其是[1];同样的,失去了灵活性,一统性政令也就失去了活力,无法做到"因地制宜""因人制宜""因时制宜",政策执行就变得僵化、刻板。

中央政策具有权威性和指导性,但在执行时也需要给予基层部门和学校一定的操作空间,以灵活适应不同地区和群体的实际情况。只有赋予他们充分的自主权,并调动他们的积极性和主动性,才能发挥出最大的效能。然而,在我国政治体系中,中央政府制定的政策往往过于统一化,并未充分考虑到不同地区和群体的特点,这便导致政策与实际执行环境不契合,给地方政府和基层行动者带来了严重困难和严峻挑战。因此,为了确保校园足球政策得到有效的实施和良好的成效,我们需要更加注重提升各地基层部门和学校的政策执行能力,深入了解各地实际执行环境的需求。中央和上级部门有义务给予基层部门和学校足够的灵活执行政策的空间,并赋予他们相应的自主权,以调动他们的积极性和主动性,充分发挥他们的才能与能力。只有在政策压力和执行能力之间取得平衡,并根据不同地区和群体的特点灵活地调整政策,我们才能实现校园足球的健康发展。

虽然有必要给予基层部门和学校适当的自由裁量权,但行政自由裁

---

① 田先红.重塑激励:乡镇治理机制创新的结构与路径——基于湘、鲁、赣三省乡镇治理的比较分析[J].湖湘论坛,2021,34(6):74-82.

量权是国家赋予行政主体为促进社会公共利益而做出的自由选择和合理判断行为,并不是没有限制的任意行动。目前,一些校园足球基层执行主体会按照自己的意愿解读和执行政策,进而导致执行效果偏离政策原本的主线,并与原政策相去甚远,这些偏差不仅仅是区域差异的体现,更是对统一制度的挑战。因此,我们需要加强对政策执行主体的监督,确保基层部门和学校工作人员规范行使自由裁量权,并建立与目标群体的沟通机制,完善政策执行的反馈和问责机制,持续加强对政策执行主体的全过程监督,及时发现可能存在的问题并进行纠正。[①] 为了规范行政自由裁量权的使用,上级政府应制定一系列的公共政策执行标准和程序来约束行政自由裁量权的行为,同时,应明确规定政策执行主体的自由裁量权的使用范围,并制定相应的处罚措施以约束超越自由裁量权的行为。基层部门和学校在行使行政自由裁量权时,必须遵循合法性、公开性、科学性、公平性和合理性的原则,自由裁量权应在原有的政策框架内进行,不能超出政策目标的范围和限度。

五、尊重社会逻辑,发挥公众的主体作用

所谓社会逻辑,指的是树立"社会本位"的理念和原则,社会治理的核心就是要运用社会逻辑来分析和解决社会问题。[②] 党的十八届三中全会《中共中央关于全面深化改革若干重大问题的决定》提出了"推进国家治理体系和治理能力现代化"的重要思想,这一思想在社会建设方面体现为提出了"创新社会治理体制"。在尊重社会发展规律的基础上,我们要依靠社会自身力量,发挥人民的主体作用,实现社会自治,突显社会逻辑就是坚持人民主体地位,发挥人民的创造精神。

在校园足球治理场域中,科层逻辑不应成为主导校园足球政策执行的唯一制度逻辑,而应充分发挥社会逻辑的积极作用。为了避免政策执行偏差,常采取层层检查、监督和问责的方式,这种做法在一定程度上有

---

① 李纪霞,董众鸣,徐仰才,等.我国青少年校园足球活动管理体制创新研究[J].山东体育学院学报,2012,28(3):99-104.

② 谈卓林,朱德全.民族地区职业教育融合治理的社会逻辑[J].中国职业技术教育,2023(10):62-70.

利于政策的推进,但也可能带来高额成本,并可能导致选择性执行、执行扩大化等政策执行偏差现象。修正这种政策实践逻辑缺陷的关键是构建能够充分激发大众积极参与的机制和环境,让自下而上的回应和表达与自上而下的决策和执行之间形成长期、有效的互动和反馈关系。

公众作为校园足球政策的直接或间接受益人,最能发现政策实际执行过程中存在的问题,并提供最真实的政策改进意见。特别是青少年和家长理应成为校园足球治理的重要主体,青少年不仅是校园足球活动的直接参与者,也是校园足球政策的受益者。我们需要大力宣传、普及校园足球政策的价值与意义,引导媒体理性报道校园足球文化,从而激发青少年和家长对校园足球的热情,并更多地关注青少年的发展需求。同时,建立广泛而适时的沟通渠道,促进家校之间的有效互动,让孩子们在受到关注和鼓励的环境中健康成长,这样不仅能激发家长们对足球的热情,也能激发队员们的参与积极性。一位基层教育部门负责人表示:"现在孩子都非常喜欢班级联赛,家长也支持,如果不举办,他们肯定会反映上来。"①当学生和家长真正认识到校园足球所蕴含的价值时,必然会密切关注校园足球活动的实际开展情况,起到有效监督和推动校园足球政策发展的积极作用。这样,"形式主义"和"锦标主义"也就没有了存在的空间。

此外,应增加各级政府、校园足球主管领导、足球行业协会人员、俱乐部和公众之间的互动机会,建立协商平台,鼓励广大足球爱好者积极参与到校园足球活动的建设中,探索社会力量参与校园足球发展的最佳模式。为了更好的接受社会和舆论的监管,广泛吸纳和整合足球专业人士的智慧和力量,校园足球执行部门和学校应及时公开相关信息,并定期发布区域校园足球发展报告,以提高政策执行的透明度,最终,形成学校和社会各界共同促进校园足球发展的新局面。

---

① 马邦杰,高鹏,王恒志.校园足球视而不见的最大盲区[J].校园足球,2020(1):54-57.

第七章　主要结论与研究展望

第一节　研究结论

　　本书基于制度逻辑视角，深入探讨了校园足球政策执行主体的行为选择，同时结合政策执行者的利益诉求与价值取向，对校园足球政策执行偏差产生的机理进行了全面而深入的分析。这种综合性的研究方法不仅有助于我们更深入地理解校园足球政策执行过程中的复杂性和动态性，也为我们提供了更全面的视角来审视政策执行偏差的问题。在深入理解校园足球政策执行偏差产生机理的基础上，本书进一步提出了针对性的治理对策。本书得出如下几个结论。

　　一是校园足球政策执行场域主要存在以下三种制度逻辑——国家逻辑、科层逻辑以及社会逻辑，多元的相互交织与冲突影响着校园足球政策执行主体的行动目标，也给其政策执行行为选择提供了多种可能性。为了实现校园足球的政策目标和意图，国家相继出台了一系列政策，但由于存在着信息不对称，地方相关部门和学校在政策执行时往往倾向于首先满足其自身利益而非公共利益，他们通常在审批、评比等领域设置自由裁量权来消解统一政策指令对其的约束力；同时由于多种因素，与科层逻辑、国家逻辑相比，社会逻辑在影响校园足球政策制定和执行方面的作用更为有限。因此科层逻辑在校园足球政策执行场域得以盛行。

　　二是提高青少年体质水平和培养足球后备人才是校园足球政策的核心目标，然而，地方教育行政部门、地方体育行政部门、校长、体育教师等每个利益主体都是理性的"逐利人",都有自己的利益追求,且这些利益主体的关注点往往集中在内部的"共同利益"或者说"个人利益"上,与校园足球政策所追求的"公共利益"之间的交叉范围并不大,甚至有时可能相互冲突,这种冲突直接影响政策的有效执行。

三是对于政策的价值判断主要由两方面构成:一方面是政策的价值与意义,即校园足球政策目标本身是否有意义、有价值,校园足球是否应该肩负这些使命;另一方面是校园足球政策的可行性,即在一定的资源、条件下政策目标是否能够达成。对校园足球政策价值的低认同导致相关主体使命感的缺乏,出现工作热情不高、动力不足等现象,或使得其仅仅关注"竞赛成绩"等短期利益,忽视了长远价值。

四是基于制度环境的多元性,政策执行者要同时满足来自国家、上级主管部门和社会的合法性评价,虽然他们处于严密的政策执行体系中,但事实上仍然具有自由裁量权和自主权,这种弹性的政策空间为其应对执行中的角色冲突和采取灵活多样的政策执行方式提供了可能,由此形成了三种策略——积极、避责、邀功,进而导致了象征性政策执行、选择性政策执行、政策执行扩大化以及政策执行的功能异化等校园足球中常见的政策执行偏差行为。

五是为了有效治理校园足球政策执行中存在的偏差问题,实现校园足球的发展目标,必须提升校园足球政策制定的科学性以及校园足球政策执行的有效性。

第二节　研究展望

本书致力于阐释校园足球政策执行偏差产生的机理并提出对策,但由于研究对象的复杂性,这一尝试尚处于初步探索的阶段,一些问题得到了解答,但仍有一些问题需要进一步研究。

一是在校园足球政策执行方面,除了国家、科层、社会等制度逻辑之外,是否还存在其他可以深刻影响校园足球政策执行主体行为选择的制度逻辑? 例如,市场逻辑和法治逻辑对校园足球政策执行主体行为选择的影响到底有多大？

二是校园足球政策执行偏差可以细分为象征性执行、选择性执行、扩大化执行和执行功能异化等，这些分类是基于理论抽象而来的，在时间的推移中也可能发生变化。然而，在政策执行类型之间进行转变并不是毫无条件的。那么，从一种政策执行类型转化为另一种政策执行类型需要满足什么条件呢？此外，在某一政策执行框架下，影响政策执行的因素是否会发生相应的变化呢？这些问题都引起了我们广泛的研究兴趣，值得我们进行深入探讨。

三是校园足球政策执行场域中科层逻辑盛行，政策执行偏差的产生主要源于各级相关部门的层层变通、扭曲执行，校园足球具有多重委托—代理关系复杂性特征，本书主要将政策执行划分为上级部门和基层执行部门、学校，两个级别，而现实中，校园足球的层层委托关系更为复杂，有待于进一步研究。

参考文献

Anderson E. Public Policy—Making (3rd) [M]. Orlando, Florida: Holt, Rinehart and Winston, 1984.

Bekkers V, et al. Coping During Public Service Delivery: A Conceptualization and Systematic Review of the Literature[J]. Journal of Public Administration Research and Theory, 2015, 25(4): 1099-1126.

Besharov M L, Smith W K . Multiple Institutional Logics in Organizations: Explaining Their Varied Nature and Implications[J]. Academy of Management Review, 2014, 39(3):364-381.

Deleon P. The Missing Link Revisited: Contemporary Implementation Research. Review of Policy Studies, 1999, (3/4):311-338.

Dimaggio P J . Culture and Cognition[J]. Metaphilosophy, 1997, 23(1):263-287.

Friedland R, Alford R R . Bringing Society Back In: Symbols, Practices, and Institutional Contradictions[J]. University of Chicago, 1991:232-263.

Greenwood R, Raynard M, Kodeih F, et al. Institutional Complexity and Organizational Responses[J]. Academy of Management Annals, 2011, 5(1):317-371.

Jackall R. Moral Mazes: The World of Corporate Managers[J]. International Journal of Politics Culture & Society, 1988, 1(4):598-614.

Jensen M C, Meckling W H, The Theory of the Firm Managerial Behavior, Agency Costs and Ownership Structure [J]. Journal of Financial and Economics,1976,3(4):305-360.

Matland R E. Synthesizing the Implementation Literature: The Ambiguity-Conflict Model of Policy Implementation [J]. Journal of Public Administration Research and Theory,1995(5):145-174.

Micheal L. A Tale of Two Cities: Competing Logics and Practice Variation in the Professionalizing of Mutual Funds [J]. Academy of Management Journal, 2007,50(2):289-307.

Michel C L, Meza O D, Cejudo G M. Interacting Institutional Logics in Policy Implementation[J]. Governance,2022,35(2):403-420.

Pressman J L, Wildavsky A. Implementation: How Great Expectancy In Washington Are Dashed In Oakland (3rd ed) [M]. California:University of California Press,1984.

Raynard M. Deconstructing Complexity: Configurations of Institutional Complexity and Structural Hybridity [J]. Strategic Organization, 2016, 14(4):310-335.

Ross S A. The Economic Theory of Agency: The Principal's Problem[J]. American Economic Review, 1973, 63(2):134-139.

Sabatier P,Mazmanian D. The Conditions of Effective Implementation: A Guide to Accomplishing Policy Objectives[J]. Policy Analysis,1979: 481-504.

Smith T B. The Policy Implementation Process[J]. Policy Sciences 1973(2):203.

Thornton, P H, et al. Institutional Logics and the Historical Contingency of Power in Organizations: Executive Succession in the Higher Education Publishing Industry, 1958-1990. [J]. American Journal of Sociology, 1999,105(3):801-843.

Van Meter D S, Van Horn C E. The Policy Implementation Process:A Conceptual Framework[J]. Administration & Society, 1975

(4):445-488.

包梅英.公共政策执行偏差矫正研究[D].呼和浩特:内蒙古大学,2014.

部分省、市学校课余训练协作课题研究组,徐本力,王敦浦,等.对我国现行传统项目学校课余训练体制现状的调查与研究[J].安徽体育科技,1990(1):1-20.

蔡敏,蔡艺.我国青少年校园足球发展的问题反思、治理策略与革新——基于《八大行动计划》的分析[J].体育成人教育学刊,2021,37(3):63-69,95.

陈阳.制度逻辑视角下新兴技术创业企业合法性获取策略及其形成机制研究[D].成都:电子科技大学,2022.

陈振明.政策科学[M].北京:中国人民大学出版社,1998.

戴狄夫,金育强.我国校园足球政策执行的利益辨识与制度规引[J].武汉体育学院学报,2018,52(10):38-43.

丁煌,李晓飞.公共政策执行过程中道德风险的成因及规避机制研究——基于利益博弈的视角[J].北京行政学院学报,2010(4):16-23.

丁煌,汪霞.地方政府政策执行力的动力机制及其模型构建——以协同学理论为视角[J].中国行政管理,2014(3):95-99.

丁鑫旸.组织场域、制度逻辑与生存策略[D].北京:北京体育大学,2017.

董强,李小云.农村公共政策执行过程中的监督软化——以G省X镇计划生育政策的落实为例[J].中国行政管理,2009(12):77-81.

杜辉.环境治理的制度逻辑与模式转变[D].重庆:重庆大学,2012.

杜运周,尤树洋.制度逻辑与制度多元性研究前沿探析与未来研究展望[J].外国经济与管理,2013(12):2-10.

方晓田.中国民办教育政府干预逻辑的转换——从政治逻辑、经济逻辑到社会逻辑[J].教育学报,2021,17(1):180-193.

弗利南德·阿尔弗德.把社会因素重新纳入研究之中:符号、实践与制度矛盾[G]//沃尔特·W.鲍威尔,保罗·J.迪马吉奥,姚伟译.上海:上海人民出版社,2008:252.

傅菊辉,陆小成.公共政策执行中的政治资源流失及其对策[J].湘潭大学学报(哲学社会科学版),2004(1):16-21.

盖伊·彼得斯.政治科学中的制度理论:新制度主义[M].上海:上海人民出版社,2011.

葛天任.治理结构与政策执行:基于3个城市社区建设资金使用案例的实证研究[J].中国行政管理,2018(7):108-114.

关于全面加强和改进新时代学校体育工作的意见[J].西藏教育,2020(12):3-5.

郭劲光,王杰."调适性联结":基层政府政策执行力演变的一个解释[J].公共管理学报,2021,18(2):140,152,175.

国家发展改革委等4部门.关于印发中国足球中长期发展规划(2016—2050年)的通知[Z].发改社会〔2016〕780号,2016-04-06.

国家体育总局政府网站.相关文件出台为全国青少年校园足球护航[EB/OL].(2013-03-06)[2024-02-08].https://www.sport.gov.cn/n20001280/n20745751/n20767277/c21482326/content.html.

国务院.国家中长期教育改革和发展规划纲要(2010—2020年)[Z].2010-07-29.

国务院办公厅.中国足球改革发展总体方案[Z].国办发〔2015〕11号,2015-03-08.

贺东航,孔繁斌.公共政策执行的中国经验[J].中国社会科学,2011(5):61-79,220-221.

侯学华.全国青少年校园足球活动价值定位与推广策略研究[D].北京:北京体育大学,2011.

胡业飞,崔杨杨.模糊政策的政策执行研究——以中国社会化养老政策为例[J].公共管理学报,2015,12(2):93-105,157.

胡用岗,杨成伟.校园足球政策执行效果关键影响因素研究——基于DEMATEL-ISM-MICMAC方法[J].广州体育学院学报,2023,43(2):26-35.

华奥星空.人民日报:中国有5500万学生踢足球,3万所足球特色学校[EB/OL].(2022-08-18)[2024-03-05].https://www.sports.cn/

hykx/2022/0818/413860.html.

皇娟,唐银彬.复杂情境与多重应对:基层政策执行者的行动逻辑——基于四川省 X 镇精准扶贫政策执行的个案[J].广西师范大学学报(哲学社会科学版),2022,58(6):55-68.

加快普及校园足球为青少年健康成长和足球振兴奠定坚实基础:国务院副总理刘延东在全国青少年校园足球工作电视电话会议上的发言(摘 登)[J].中国学校体育,2015,35(1):6-8.

姜国兵.政策执行中政策失败的原因与解决对策[J].广东行政学院学报,2009,21(1):20-24.

姜南.我国校园足球政策执行的制约因素与路径选择——基于史密斯政策执行过程模型的视角[J].中国体育科技,2017,53(1):3-8,26.

教育部办公厅关于加强全国青少年校园足球特色学校建设质量管理与考核的通知[J].校园足球,2018(3):28-29.

教育部办公厅关于开展 2019 年全国青少年校园足球特色学校、试点县(区)和"满天星"训练营创建工作的通知[J].校园足球,2019(5):4-6.

教育部办公厅关于开展足球特色幼儿园试点工作的通知[J].校园足球,2019(4):4-5.

教育部办公厅关于做好全国青少年校园足球特色学校及试点县(区)遴选工作的通知[J].校园足球,2015(2):8-10.

教育部等 6 部门关于加快发展青少年校园足球的实施意见[J].青少年体育,2015(9):1-3.

教育部等七部门关于印发《全国青少年校园足球八大体系建设行动计划》的通知[J].校园足球,2020(9):4-11.

来鲁振,部义峰.综合模型视角下我国校园足球政策的执行[J].湖北体育科技,2019,38(12):1106-1111.

李春成.行政人的德性与实践[M].上海:复旦大学出版社 2003.

李恒.校长领导力对学校体育发展的体现研究[J].青少年体育,2018(11):34-35.

李纪霞,董众鸣,徐仰才,等.我国青少年校园足球活动管理体制创新研究[J].山东体育学院学报,2012,28(3):99-104.

李珒.外源压力、内生动力与基层政府政策执行行为选择——基于 A 市生态环境治理的案例比较分析[J].公共管理学报,2023,20(3):53-63,168.

李卫东,张碧昊,胡洋.近 10 年我国校园足球政策:回顾,审思与建议[J].武汉体育学院学报,2022,56(7):84-91.

李学.非理性绩效考评、组织依附与目标置换——一个地方政府微观失范行为的分析框架[J].公共管理研究,2010(8):105-116.

李元珍.央地关系视阈下的软政策执行——基于成都市 L 区土地增减挂钩试点政策的实践分析[J].公共管理学报,2013,10(3):14-21,137-138.

理查德·J.斯蒂尔曼.公共行政学:概念与案例[M].竺乾威,等译.北京:中国人民大学出版社,2004.

刘兵.对中国足球,一位老足球人有话说[N].工人日报,2023-03-22(008).

刘世定,孙立平.作为制度运作和制度变迁方式的变通[J].中国社会科学季刊,1997(21):46-68.

刘霞,王源.试析妨碍公共体育政策执行主体的认知缺陷及完善途径[J].浙江体育科学,2016,38(2):1-4.

刘晓燕.政策执行困境:地方政府公务人员的双重选择[J].云南行政学院学报,2010,12(6):128-130.

刘宗超,于冬晓.政策网络视域下我国校园足球政策执行的问题与出路[J].河北体育学院学报,2016,30(4):33-36.

柳鸣毅,丁煌.基于路线图方法的我国青少年校园足球治理体系研究[J].武汉体育学院学报,2017,51(1):33-38,46.

娄方平,向禹.校园足球实践发展审视:现象、成因与治理[J].武汉体育学院学报,2016,50(3):96-100.

陆小成,刘贵忠.利益结构分化对公共政策执行的影响及其治理[J].重庆第二师范学院学报,2004,17(2):16-18,81.

陆小成.政策执行冲突的制度分析[D].湘潭:湘潭大学,2005.

罗昊.激活权利:公共政策选择性执行的发生逻辑与民情基础——基

于 G 省 Y 镇人居环境整治的案例分析[J].中共杭州市委党校学报,2023 (2):68-78.

吕娜,吴明深.校园足球试点县政策执行的制约因素与路径选择——基于米特—霍恩政策执行系统模型的视角[J].体育成人教育学刊,2018, 34(1):46-51.

马邦杰,高鹏,王恒志.校园足球视而不见的最大盲区[J].校园足球, 2020(1):54-57.

帕特里夏·H.桑顿,威廉·奥卡西奥,龙思博.制度逻辑:制度如何塑造人和组织[M].汪少卿,等译.杭州:浙江大学出版社,2020:99-120.

潘凌云,王健,樊莲香.我国学校体育政策执行的制约因素与路径选择——基于史密斯政策执行过程模型的分析[J].体育科学,2015,35(7): 27-34,73.

裴秋亚,范黎波.什么样的制度环境更利于数字经济产业发展?——基于多元制度逻辑的组态分析[J].经济与管理研究,2022,43(10):38- 52.

秦旸,邱林.基于政策文本分析的校园足球演进历程、发展逻辑与时代启示[J].北京体育大学学报,2020,43(10):59-67.

邱林,王家宏.国家治理现代化进程中校园足球体制革新的价值导向与现实路径[J].上海体育学院学报,2018,42(4):19-25.

邱林,戴福祥,张廷安.我国校园足球发展中政府职能定位研究[J].武汉体育学院学报,2016,50(6):95-100.

邱林,肖辉,浦义俊.体教融合背景下我国校园足球政策基层执行阻滞与治理策略[J].天津体育学院学报,2023,38(6):683-689.

邱林,张廷安,浦义俊,等.校园足球政策基层执行的逻辑辨析与治理策略——基于江苏省 Z 县及下辖 F 镇的实证研究[J].上海体育学院学报,2021,45(3):49-59.

邱林.利益博弈视域下我国校园足球政策执行研究[D].北京:北京体育大学,2015.

邱林.我国校园足球政策执行的主要变量与路径优化——基于梅兹曼尼安—萨巴提尔政策执行综合模型分析[J].体育学研究,2020,34(4):

38-45.

全国青少年校园足球发展大事记(2015—2019 年)[J].校园足球,2019(10):76-81.

全国青少年校园足球工作领导小组关于做好 2019 年校园足球工作的通知[J].校园足球,2019(4):8-11.

全国足球场地设施建设规划:2020 年足球场地超 7 万块[J].教育家,2016(21):24.

让-雅克·拉丰.激励理论.第一卷:委托—代理模型 The Principal-Agent Model[M].中国人民大学出版社,2002.

荣敬本.从压力型体制向民主合作体制的转变:县乡两级政治体制改革[M].北京:中央编译出版社,1998.

孙发锋.象征性政策执行:表现、根源及治理策略[J].中州学刊,2020(12):15-20.

孙宗锋,孙悦.组织分析视角下基层政策执行多重逻辑探析——以精准扶贫中的"表海"现象为例[J].公共管理学报,2019,16(3):16-26,168-169.

谈卓林,朱德全.民族地区职业教育融合治理的社会逻辑[J].中国职业技术教育,2023(10):62-70.

谭利,于文谦,吴桐.我国校园足球政策工具选择的特征解析及优化策略[J].体育学刊,2020,27(1):87-92.

谭英俊.试论构建有效的公共政策执行机制[J].四川行政学院学报,2004(4):9-12.

汤金金,孙荣.多制度环境下我国的环境治理困境:产生机理与治理策略[J].西南大学学报(社会科学版),2019,45(2):23-31.

田先红.重塑激励:乡镇治理机制创新的结构与路径——基于湘、鲁、赣三省乡镇治理的比较分析[J].湖湘论坛,2021,34(6):74-82.

涂智苹,宋铁波.制度理论在经济组织管理研究中的应用综述——基于 Web of Science(1996—2015)的文献计量[J].经济管理,2016(10):184-199.

王春城.公共政策公共性偏离的发生机理——基于政策活动者行为

逻辑和条件的分析[J].国家行政学院学报,2014(4):86-90.

王大鹏,姜明金,李国强,等.我国校园足球改革中的政策工具选择与优化研究[J].沈阳体育学院学报,2020,39(2):48-57,67.

王科研.中国公共政策执行中政府和目标群体利益博弈分析[D].沈阳:东北大学,2010.

王敏.环境运动式治理的政策效用、运行机制及适配路径研究[D].上海:上海财经大学,2022.

王毅,高荣曾.地方政府在公共政策执行中的障碍分析与解决策略[J].哈尔滨学院学报,2010,31(2):33-38.

网易.星火指南│机构篇——一起走近青少年体育培训机构[EB/OL].(2020-06-05)[2024-07-29].https://www.163.com/dy/article/FEBK4O320529DBLQ.html.

吴少微,杨忠.中国情境下的政策执行问题研究[J].管理世界,2017(2):85-96.

吴有华.珠三角某地方政府城市规划实施行为选择研究[D].广州:华南理工大学,2018.

谢庆奎,陶庆.政府执行力探索[J].中国行政管理,2007(11):9-13.

谢星星,冯丹丹.教育本源性视角下中小学校园足球发展现状及存在的问题研究[J].青少年体育,2022(9):55-57.

徐开娟,黄海燕,廉涛,等.我国体育产业高质量发展的路径与关键问题[J].上海体育学院学报,2019,43(4):29-37.

徐蕾,严毛新.多重制度逻辑视角下中国高校创业教育的演进[J].教育发展研究,2019(3):41-47.

许英男,王家宏.体育中考政策执行的制约因素与改进对策[J].体育学刊,2022,29(1):91-97.

薛立强,杨书文.论政策执行的"断裂带"及其作用机制——以"节能家电补贴推广政策"为例[J].公共管理学报,2016,13(1):55-64,155.

杨成伟,唐炎,张赫,等.青少年体质健康政策的有效执行路径研究——基于米特-霍恩政策执行系统模型的视角[J].体育科学,2014,34(8):56-63.

杨宏山.情境与模式:中国政策执行的行动逻辑[J].学海,2016(3):12-17.

杨君,杨幸珺,黄薪颖.压力型体制中的下级能动——基于"任务—资源"视角的分析[J].经济社会体制比较,2023(2):121-129.

杨献南,吴丽芳,李笋南.我国校园足球试点县(区)管理的基本问题与应对策略[J].沈阳体育学院学报,2020,39(5):40-48.

杨燕."双减"政策执行的理论逻辑、现实问题与进路——基于利益原则和对 X 省的大样本调查[J].中国电化教育,2022(5):26-34.

杨英顺,陆小成.论公共政策执行中的参与型政治文化建设[J].湖南工业大学学报,2005,19(2):17-19.

杨宇,陈丽君,周金衢.制度逻辑视角下基层政策执行"偏差"的形成机制——基于产业扶贫政策执行悬浮的分析[J].公共管理学报,2023,20(3):39-52,167.

殷华方,潘镇,鲁明泓.中央—地方政府关系和政策执行力:以外资产业政策为例[J].管理世界,2007(7):22-36.

张立,郭施宏.政策压力、目标替代与集体经济内卷化[J].公共管理学报,2019,16(3):39-49,170.

张翔.基层政策执行的"共识式变通":一个组织学解释——基于市场监管系统上下级互动过程的观察[J].公共管理学报,2019,16(4):1-11,168.

张兴泉.制度环境视角下我国校园足球政策执行纠偏策略研究[J].沈阳体育学院学报,2020,39(1):88-93.

张卓.中国转型期公共政策制定的模糊性问题初探[D].哈尔滨:黑龙江大学,2007.

赵明楠,史友宽.论校园足球动力机制:以利益为中心的多重博弈[J].南京体育学院学报,2018,1(10):46-50.

马正立,赵玉胜.制度逻辑理论建构:基本原则与整体模型[J].重庆社会科学,2022(5):114-128.

郑志强,郑娟.中国校园足球政策工具分析[J].武汉体育学院学报,2016,50(4):5-11.

中国足球改革发展总体方案[Z].国办发〔2015〕11号,2015-03-18.

中华人民共和国教育部等6部门.关于加快发展青少年校园足球的实施意见[Z].教体艺〔2015〕6号,2015-07-22.

钟海.权宜性执行:村级组织政策执行与权力运作策略的逻辑分析——以陕南L贫困村精准扶贫政策执行为例[J].中国农村观察,2018(2):97-112.

庄文嘉.在政治与行政之间:我国基层劳动监察运作中的选择性政策执行——对某地级市劳动部门的个案研究[J].广东行政学院学报,2010,22(4):26-30,45.

邹珊珊,黄叶青,杨蓓蕾.政府购买社会组织服务的目标置换研究——基于多重逻辑的分析视角[J].华东理工大学学报(社会科学版),2022,37(6):75-88,102.

邹时炎同志在全国培养体育运动后备人才试点中学座谈会上的讲话[G]//国家教委学校体育卫生司.学校体育卫生和国防教育工作文件汇编1988—1990.北京:教育科学出版社,1990:159.

附　录

附录1　体育总局、教育部关于加强全国青少年校园足球工作的意见

各省、自治区、直辖市体育局、教育厅（教委），新疆生产建设兵团体育局、教育局：

　　为进一步贯彻落实《中共中央国务院关于加强青少年体育增强青少年体质的意见》（中发〔2007〕7号）和《国家中长期教育改革和发展规划纲要（2010—2020年）》，切实提高全国青少年校园足球活动（以下简称"校园足球"）的质量和水平，促进青少年学生健康成长，现提出如下意见：

一、高度重视校园足球工作

　　足球是深受广大青少年喜爱的体育项目，对于青少年健康成长具有独特的综合教育功能。青少年是全民健身的重要群体，青少年足球是足球运动的基础和源泉。广泛开展青少年校园足球活动有利于增强青少年学生体质，提升青少年体育公共服务水平。各地、各部门要高度重视，切实抓紧抓好校园足球活动。

二、加强对校园足球的组织领导

　　各级体育、教育行政部门和相关机构要通力合作，成立校园足球工作领导小组，下设办公室，负责指导、部署和协调本地校园足球工作。各级

体育、教育部门要将开展校园足球活动纳入工作计划,明确工作职责,建立分工合理、运行规范、监督有效的管理体制和运行机制。各定点学校校长是开展校园足球工作的第一责任人,要采取有效措施,确保校园足球活动正常开展。

三、加大校园足球投入力度

要统筹校园足球经费投入,切实保障校园足球经费。各级教育部门要优化支出结构,积极增加校园足球经费并确保定点学校校园足球工作的支出。各级体育部门要从体育彩票公益金中拨出专款用于校园足球工作。加强校园足球经费的管理,确保专款专用。鼓励定点学校依法创建青少年足球俱乐部,引导企事业单位、社会团体和个人通过多种形式捐赠和赞助。

四、加强场地设施建设和利用

各地要在公共体育服务体系的规划建设中优先建设小型多样的足球场地设施并对学校足球场地的建设和开放给予扶持。各级教育、体育部门要拓宽足球场地建设和运行资金的投入渠道,采取有效措施提高各类足球场地设施利用率和开放率。各校园足球布局城市要在推动学校体育设施和器材达到国家标准的工作中优先考虑足球项目。

五、建立健全校园足球评价机制

研究制订全国青少年校园足球工作评估实施办法。根据评估结果对布局城市和定点学校实行动态管理,对校园足球工作中的先进单位和个人进行表彰奖励。

六、加快建立布局合理的全国校园足球组织网络

利用各种资源大力建设国家、省、市(县)三级校园足球活动培训基地及青少年足球训练网点。各级教育部门在体育部门的支持下加快推动各级学生足球协会建设。引导鼓励足球学校、体育运动学校和足球职业俱乐部发挥资源优势,与校园足球定点学校共建足球后备人才培训基地。

七、重点办好一批开展足球项目的体校和足球学校

加强足球专业技术人才和管理人才培养。支持职业学校开展校园足球活动,扶持开展足球项目的中等体育运动学校和足球学校创建"中等职业教育足球特色学校"。

八、加快建立并完善大中小学相互衔接的校园足球四级联赛体系

要把校园足球联赛列入当地的体育竞赛计划,教育、体育部门共同组织实施。体育部门要把校园足球联赛列入授予运动员技术等级的竞赛计划。有条件的布局城市要开展高中和大学足球联赛。鼓励定点学校举办校内班级、年级比赛。鼓励校园足球联赛承办单位、参赛队伍通过多种方式争取社会各界的支持和赞助。

九、推动学校足球教育

各级教育部门要因地制宜,逐步推进拥有足球场地的学校开展足球运动和相关教育活动。定点学校要积极创造条件,开设足球选修课程。鼓励定点学校开发足球校本课程。全校不少于50%的学生参与足球活动并掌握相应的足球基本知识和技能。

十、加强学校足球文化建设

要面向全体学生开展形式多样的足球活动,培养学生足球兴趣。定点学校要认真执行学生每周两小时足球活动计划。有计划地组织参加足球夏(冬)令营,举办校园足球文化节、文化周等活动,促进建立足球社团或足球兴趣小组,定期举行学校与家庭、社区的足球交流活动。

十一、广泛整合社会资源

充分发挥共青团、妇联等组织的资源和优势,依托青少年活动中心、少年宫、妇女儿童中心和其他校外教育机构积极开展多种形式的足球活动。有计划地组织足球明星和精英教练走进校园开展足球交流活动。引

导、鼓励社会团体和个人为学校足球活动提供志愿服务。

十二、扶持学校女子足球发展

逐步扩大定点学校女足队伍规模,要有计划、有重点地大力培养优秀年轻的女足教练员和裁判员,为参与女子足球运动的青少年提供帮助和服务。

十三、加强校园足球师资队伍建设

各级教育部门加快教师结构调整,制定并落实配齐专职体育教师计划,多渠道配备好足球教师。各校园足球布局城市要根据定点学校足球工作需要,努力建设1支专兼结合的教师队伍,争取3至5年逐步落实每1所定点学校中至少有1名足球专业教师。建立健全足球教师培养培训体系,创建一批全国青少年校园足球师资培养培训基地。探索制定鼓励退役足球运动员从事校园足球工作的政策措施,抓好体育教师等级教练员培训工作,不断提高足球师资专业水平。

十四、各级教育部门要采取措施鼓励教师参与开展校园足球活动

要保障足球教师在职务评聘、福利待遇、评优表彰等方面与其他学科教师享有同等待遇。教师组织课外足球活动、课余足球训练、竞赛应当计算工作量。参加校园足球相关培训的教师,经培训考核合格后颁发培训证书,并按相应学时计入教师继续教育学时。

十五、完善校园足球定点学校招生考试政策

完善小学、初中、高中、大学的足球特长生招生政策,制定足球后备人才认定标准及升学管理制度,进一步扩大招收高水平足球运动员的高校数量,畅通足球特长生培养输送渠道,逐步理顺以高等学校为"龙头"的大中小学"一条龙"足球梯队建设和运行机制。允许各定点学校按规定招收足球特长生。

十六、加强校园足球科研工作

建立校园足球科研项目申报制度,注重研究成果的转化和实际应用。编写全国青少年校园足球活动指导手册。体育部门要在选材测试、教学训练、营养指导、训练恢复等方面为定点学校提供技术支持和帮助。

十七、充分利用现代信息技术,建设基于互联网的校园足球便捷服务平台

加快建设完善教育、体育部门信息共享的学生运动员注册系统、信息管理系统,畅通信息报送渠道,全面、准确地掌握本地区校园足球参与人员、训练、竞赛、评估检查等信息,并及时、准确地逐级上报。定期对上述信息进行研究分析,为校园足球工作决策提供服务。

十八、建立完善校园足球活动安全保障体系

各地各有关部门要建立健全政府主导、社会参与的校园足球风险管理机制。形成包括安全教育培训、活动过程管理、保险赔付的校园足球风险管理制度。各地要制定完善青少年校内外足球活动和竞赛的安全管理制度,明确管理责任人,落实安全责任制,建立校园足球活动意外伤害的应急管理机制。加强足球场地、设施的维护管理,及时消除安全隐患。

十九、加强国际交流与合作

坚持"走出去"与"引进来"相结合,扶持更多的定点学校参与国际青少年足球交流活动,学习先进的管理模式和训练方法,选拔品学兼优、有发展潜力的足球苗子到国外接受培训。

二十、营造校园足球开展良好环境

各地各有关部门要采取多种形式,通过多种途径认真宣传开展校园足球活动的重要意义和政策要求,宣传校园足球工作的先进经验和各类

优秀校园足球人才的先进事迹,引导广大青少年、各级各类学校和全社会关心支持校园足球,在全社会营造有利于校园足球发展的良好氛围。

国家体育总局　教育部
2013 年 2 月 18 日

附录 2　教育部等 6 部门关于加快发展青少年校园足球的实施意见

教体艺〔2015〕6 号

各省、自治区、直辖市教育厅（教委）、发展改革委、财政厅（局）、新闻出版广电局、体育局、团委：

　　加快发展青少年校园足球是贯彻党的教育方针、促进青少年身心健康的重要举措，是夯实足球人才根基、提高足球发展水平和成就中国足球梦想的基础工程。近年来，校园足球事业取得了积极进展，体制机制不断完善，发展模式不断创新，校园足球定点学校达到 5000 多所，举办各种比赛 10 万多次，青少年足球人口不断扩大。但总体上看，校园足球发展还比较缓慢，发展不平衡，存在普及面不广、竞赛体系不健全、保障能力不足等问题。为进一步落实深化教育领域综合改革总体要求和《中国足球改革发展总体方案》，现就加快发展青少年校园足球提出以下意见：

一、总体要求

（一）指导思想

　　把发展青少年校园足球作为落实立德树人根本任务、培育和践行社会主义核心价值观的重要举措，作为推进素质教育、引领学校体育改革创新的重要突破口，充分发挥足球育人功能，遵循人才培养和足球发展规律，理顺管理体制，完善激励机制，优化发展环境，大力普及足球运动，培育健康足球文化，弘扬阳光向上的体育精神，促进青少年身心健康、体魄强健、全面发展，为提升人口素质、推动足球事业发展、振奋民族精神提供有力支撑。

（二）基本原则

　　坚持改革创新。深化体制机制改革，加强顶层设计，强化政策、标准和项目引导,在重点领域和关键环节取得突破,增强青少年校园足球发展活力。

坚持问题导向。树立科学发展理念,破解发展难题,转变发展方式,加强基础条件和基础工程建设,持久用力、久久为功,促进青少年校园足球健康发展。

坚持统筹协调。以政府为主导,学校为主体,鼓励社会参与,整合多种资源,完善支持政策,形成青少年校园足球发展合力。

坚持因地制宜。立足当前实际,着眼长远发展,充分利用现有基础,不断创造良好条件,鼓励探索多样化的青少年校园足球发展模式。

(三)工作目标

到 2020 年,基本建成符合人才成长规律、青少年广泛参与、运动水平持续提升、体制机制充满活力、基础条件保障有力、文化氛围蓬勃向上的中国特色青少年校园足球发展体系。

普及程度大幅提升。学校普遍开展足球运动,学生广泛参与足球活动,校园足球人口显著增加,学生身体素质、技术能力和意志品质明显提高,形成有利于大批品学兼优的青少年足球人才脱颖而出的培养体系。支持建设 2 万所左右青少年校园足球特色学校,2025 年达到 5 万所。重点建设 200 个左右高等学校高水平足球运动队。

教学改革更加深入。形成内容丰富、形式多样、因材施教的青少年校园足球教学体系,课程设置、教学标准、教材教法和教学资源等教学要素更加衔接配套,校园足球教学质量明显提升。

竞赛体系更加完善。形成赛事丰富、赛制稳定和赛纪严明的青少年校园足球竞赛体系,球队建设、课余训练、赛事运行等更加规范高效,校园足球运动水平稳步提高。

条件保障更加有力。师资配备补充、培养培训、评价机制和激励措施等更加多样有效,完成 5 万名青少年校园足球专兼职教师的一轮培训;鼓励学生习练足球的综合评价体系更加健全;场地设施和运动安全管理更加完善,财政资金和社会资本多元投入,形成青少年校园足球持续发展保障体系。

二、重点任务

(一)提高校园足球普及水平

加强统筹推进普及。统筹城乡区域布局,统筹各级各类学校,统筹各类社会资源,鼓励有基础的地方和学校探索实践,加大对农村学校帮扶力度,着力扩大校园足球覆盖面。鼓励支持各年龄段学生广泛参与,积极开展青少年女子足球运动,让更多青少年体验足球生活、热爱足球运动、享受足球快乐。以普及校园足球示范带动校园田径、篮球、排球等其他体育运动项目发展。

扶持特色引领普及。遴选一批全国青少年校园足球特色学校,重点建设一批普通高等学校高水平足球运动队,支持其加强建设、深化改革、提高水平和办出特色,发挥其在发展青少年校园足球中的骨干、示范和带动作用。鼓励有条件的地方创建全国青少年校园足球试点县和足球综合改革试验区,先行先试,积累经验,整体推进青少年校园足球发展。

培育文化巩固普及。把开展竞赛、游戏等形式多样的足球活动作为校园文化建设的重要内容,让足球运动融入学生生活、扎根校园。大力发展学生足球社团。鼓励学校充分利用互联网和新媒体搭建信息平台,报道足球活动、交流工作经验、展示特色成果,营造有利于青少年校园足球发展的良好文化氛围。

(二)深化足球教学改革

各级各类学校要把足球列入体育课教学内容,积极推进足球教学模式的多样化。鼓励有条件的学校开展以足球为特色的"一校一品"体育教学改革。足球特色学校可适当加大学时比重,每周至少安排一节足球课,不断提高教学质量。要科学统筹足球教学与其他学科教学,在课时分配、教师配备、教学管理、绩效评价等方面为足球教学改革创造良好条件。发布青少年校园足球教学指南、学生足球运动技能等级标准,规范指导校园足球教学。建设全国青少年校园足球教学资源库,鼓励各地各校因地制宜采取多种方式开发共享高质量的足球教学资源,逐步实现优质足球教学资源全覆盖。依托有条件的单位建立校园足球运动研究基地,加强理论与实践研究,提升校园足球运动发展的科学化水平。

(三)加强足球课外锻炼训练

要把足球运动作为学校大课间和课外活动内容,鼓励引导广大学生"走下网络、走出宿舍、走向操场",积极参加校外足球运动。有条件的学校要建立班级、年级和校级足球队。鼓励组建女子足球队。妥善处理好学生足球训练和文化学习之间的关系。教育部门会同体育等部门指导学校制定科学的校园足球训练计划,合理组织校园足球课余训练,为喜欢足球和有足球潜能的学生提供学习和训练机会。

(四)完善校园足球竞赛体系

开展丰富多样的赛事。各地各校要广泛开展多样化的足球竞赛活动,形成"校校参与、层层选拔、全国联赛"的足球竞赛格局。要组织小学低年级学生参加趣味性足球活动。从小学 3 年级以上到初、高中学校,要组织班级、年级联赛,开展校际邀请赛、对抗赛等竞赛交流活动。高等学校组织开展院系学生足球联赛和校际交流活动等。鼓励学校参加社会组织举办的足球赛事和公益活动,加强与国际组织和专业机构的交流合作,组织或参与国际青少年足球赛事活动。

形成稳定规范的赛制。规范竞赛管理,构建包括校内竞赛、校际联赛、区域选拔在内的青少年校园足球竞赛体系。建成纵向贯通、横向衔接和规范有序的高校、高中、初中、小学四级青少年校园足球联赛机制。实行赛事分级管理,建立县级、地市级、省级和国家级青少年校园足球竞赛制度。小学阶段联赛范围原则上不超出地市;初中阶段联赛范围原则上不超出省(区、市)。高校足球竞赛成绩要纳入高校体育工作考核评价体系。从 2015 年起,各地教育部门要按照全国青少年校园足球竞赛方案,依托行业组织、专业机构或社团等分级组织实施本地竞赛活动。注重校园足球赛事与职业联赛、区域等级赛事、青少年等级赛事的有机衔接。

维护公正严明的赛纪。完善竞赛监督制度,使足球成为青少年学生体验、适应社会规则和道德规范的有效途径。提倡公平竞赛,安全竞赛,文明竞赛,完善裁判员公正执法、教练员和运动员严守赛风赛纪的约束机制。规范青少年观赛行为,引导他们遵纪守法、文明观赛,形成良好的青少年校园足球竞赛风气。

(五)畅通优秀足球苗子的成长通道

各地要注重发现、选拔和重点培养学生足球运动苗子,认真组建本地学生足球代表队,开展多种形式的集训、比赛和交流活动。有条件地方的体育、教育部门联合创建青少年足球训练中心,为提高学生足球运动水平提供综合服务。组织全国性校园足球夏(冬)令营,聘请国内外高水平教练集中培训各地选送的优秀学生足球运动员。建立教育、体育和社会相互衔接的人才输送渠道,拓宽校园足球学生运动员进入国家足球后备人才梯队、有关足球职业俱乐部和选派到国外著名足球职业俱乐部的通道。依托全国学生学籍管理系统,建立全国青少年校园足球工作管理信息系统,动态监测学生学习、升学和流动情况,并提供相应支持服务。研究制定学生足球运动员注册管理办法。

三、保障措施

(一)加强师资队伍建设

多渠道配备师资。各地要采取多种方式,配足补齐校园足球教师。制订校园足球兼职教师管理办法,鼓励专业能力强、思想作风好的足球教练员、裁判员,有足球特长的其他学科教师和志愿人员担任兼职足球教师。完善政策措施,创新用人机制,为退役运动员转岗为足球教师或兼职足球教学创造条件。建立教师长期从事足球教学的激励机制。

多方式培养培训师资。加强体育教育专业建设,鼓励学生主修、辅修足球专项,培养更多的合格足球教师。制定校园足球教师培训计划,开发相关培训资源,组织开展足球教师教学竞赛、经验交流和教研活动,着力提升足球教师教学实践能力和综合职业素养。2015年起,组织开展国家级青少年校园足球骨干师资专项培训。各地要结合实际开展多种方式的教师培训。联合行业组织,聘请国内外高水平足球专家培训校园足球教师、教练员、裁判员。选派部分优秀青少年校园足球工作管理人员、教师、教练员、裁判员到国外参加专业培训和交流活动。

(二)改善场地设施条件

加快场地设施改造建设。各地要把校园足球活动的场地建设纳入本行政区域足球场地建设规划,纳入城镇化和新农村建设总体规划,按照因地制宜、逐步改善的原则,加大场地设施建设力度,创造条件满足校园足球活动要求。鼓励建设小型多样化足球场地设施。在现有青少年培养、实践基地建设中,规划和建设好足球场地设施。

推动场地设施共建共享。各地要统筹体育场地设施资源的投入、建设、管理和使用,鼓励各地依托学区建立青少年足球活动中心,同步推进学校足球场地向社会开放和社会体育场地设施向学校开放,形成教育与体育、学校与社会、学区与社区共建共享场地设施的有效机制。

(三)健全学生参与足球激励机制

把足球学习情况纳入学生档案,作为学生综合素质评价的参考。加强足球特长生文化课教学管理,完善考试招生政策,激励学生长期积极参加足球学习和训练。允许足球特长生在升学录取时合理流动,获得良好的特长发展环境。研究完善高校高水平足球队管理办法和招生政策,增加高校高水平足球运动队数量,适度扩大招生规模。拓展青少年出国交流机会,经过选拔推荐可以参加国际校园足球赛事和交流活动。

(四)加大经费支持力度

各地应当加大对青少年校园足球的投入,统筹相关经费渠道对校园足球改革发展给予倾斜。探索建立政府支持、市场参与、多方筹措支持校园足球发展的经费投入机制。各地要优化教育投入结构,积极创造条件,因地制宜逐步提高校园足球特色学校经费保障水平,支持学校开展足球教学、训练和比赛。

（五）完善安全保险制度

各地要加强校园足球运动伤害风险管理，制定安全防范规章制度，加强运动安全教育、检查和管理，增强学生的运动安全和自我保护意识。完善保险机制，推进政府购买服务，提升校园足球安全保障水平，解除学生、家长和学校的后顾之忧。

（六）鼓励社会力量参与

各地要加大规划、政策、标准引导力度，多渠道调动社会力量支持校园足球发展的积极性。充分发挥职业足球俱乐部、足球学校、体育运动学校在人才培养方面的积极作用，鼓励有条件的体育俱乐部、企业及其他社会组织联合开展有利于校园足球发展的公益活动。完善相关政策，引导社会资本进入校园足球领域。在中国教育发展基金会设立青少年校园足球发展基金，多渠道吸收社会资金。创新校园足球利用外资方式，有效利用境外直接投资、国际组织、外国政府以及其他组织的支持。

四、组织领导

（一）充分发挥全国青少年校园足球工作领导小组作用

教育部门应履行好青少年校园足球主管责任，负责校园足球的统筹规划、宏观指导和综合管理。体育部门发挥人才和资源优势，加强技术指导、行业支持和相关服务。发展改革部门负责统筹场地设施规划与实施。财政部门负责制定推动校园足球工作的相关支持政策。宣传部门加大宣传支持力度，统筹营造社会舆论氛围。共青团系统负责组织或者参与开展校园足球文化活动。教育督导部门要将校园足球纳入教育督导指标体系，制定校园足球专项督导办法，定期开展专项督导。领导小组办公室要配齐配强工作人员，做好日常管理工作，执行领导小组决策、协调成员单位积极推动各项任务落实。成立全国青少年校园足球专家委员会，加强对校园足球的指导。

（二）把发展青少年校园足球纳入重要工作日程

各地要高度重视青少年校园足球工作，加强领导，精心组织，参照全国青少年校园足球工作领导小组组织模式，建立相应工作机制，制定本地区青少年校园足球发展规划，实施青少年校园足球发展项目，明确支持政策，增强管理能力，提升服务水平。鼓励各地成立青少年校园足球协会，承担本地校园足球的具体工作。加强青少年校园足球工作质量监测，定期发布全国和各地区青少年校园足球发展水平报告。

（三）优化发展青少年校园足球舆论环境

大力宣传发展青少年校园足球发展理念、育人功能，校园足球文化和先进经验做法，及时报道和播出学生足球赛事，鼓励影视行业和企业拍摄有关校园足球题材影视作品，在广大青少年中掀起爱足球、看足球、踢足球的热潮，在全社会营造关心、支持校园足球发展的良好氛围。

教育部　国家发展改革委　财政部

新闻出版广电总局　体育总局　共青团中央

2015 年 7 月 22 日

附录3　教育部等七部门关于加强和改进新时代青少年校园足球工作的实施意见

为进一步贯彻落实党中央、国务院关于校园足球的重大决策部署,加强和改进新时代校园足球工作,解决校园足球改革发展中存在的突出问题,推进校园足球健康持续高质量发展,现制定以下实施意见。

一、总体要求

(一)指导思想

以习近平新时代中国特色社会主义思想为指导,深入贯彻落实党的二十大精神,落实立德树人根本任务,全面贯彻党的教育方针,坚持健康第一的教育理念,遵循教育规律、体育规律,科学把握定位、深化体教融合、加强体系建设、大力推进改革、完善科学评价,推动校园足球高质量发展,引领新时代学校体育改革创新,培养德智体美劳全面发展的社会主义建设者和接班人。

(二)主要原则

坚持以体育人,弘扬中华体育精神,强体育心,以足球运动践行五育并举。坚持问题导向,破立并举、攻坚克难,全力解决校园足球工作中的重点难点问题。坚持改革创新,遵循教育规律和校园足球发展规律,增强校园足球改革发展的系统性、整体性、协同性。坚持体教融合,一体化设计和推进,分工协作,科学处理好普及与提高的关系。坚持久久为功,立足当下、面向未来,不图虚名、不务虚功,推动校园足球事业不断迈向新台阶。

(三)发展改革目标

到 2025 年,按照规划目标推进校园足球特色学校建设,建立常态化考核与退出机制。完善青少年球员成长通道,试点建设一批新型足球学校,高校足球学院建设全面加强,健全足球人才培养和训练体系,改革试验区引领示范作用更加凸显,校园足球健康发展新模式基本建立。再经过 5 年努力,校园足球特色学校建设水平实现明显跃升,师资数量与专业水平显著提升,校园足球场地等设施设备进一步完善,校园足球人才升学、职业化发展通道进一步畅通,形成质量更优、水平更高、体系更加健全、制度更加完善的校园足球发展新格局,使校园足球成为中国足球事业发展的重要支撑力量。

二、主要任务

(四)大力普及校园足球运动

各级各类学校广泛开展足球运动,将足球作为校园体育活动的重要内容。中小学要把足球作为体育课教学内容,并纳入课后延时服务,做到校校踢足球、校校有球队;高校要强化公共体育课程足球教学,鼓励开设足球选修课。有序推进校园足球特色学校高标准扩容,稳步扩大足球人口。

(五)深化足球教学改革

以培养兴趣爱好、掌握专项技能、形成竞技能力为导向,构建符合学生身心特点的校园足球一体化课程体系。转变教学观念,推动教学改革,优化足球课堂教学结构,探索符合足球运动项目规律的教学模式。改进教学评价方法,将评价导向从教师教了多少转向教会多少,从完成课时数量转向保证教学质量。加强校园足球教研工作,鼓励地方建立校园足球名师工作室,将足球教研纳入各级体育教研员的重要工作内容。

(六)完善课余训练机制

将课余训练纳入学校日常教育教学,组建班级和学校足球队,健全贯穿各学段的训练体系,建立高水平教练员指导教学与课余训练工作机制。鼓励校园足球赛事中涌现的优秀足球苗子参加青训中心、体校、社会青训机构高水平训练,提高专业能力和水平。推进"满天星"训练营与中国足协青训中心合作共建,统筹布局,资源共享,逐步建立由教练、医疗、体能、康复、心理、科研等构成的复合型青少年足球训练保障团队。鼓励学校为足球队配备文化课辅导教师,做好课外辅导与赛后补课,妥善处理学训关系,促进文化学习与足球技能共同发展。

(七)优化校园足球竞赛

规范校园足球赛事活动。全面落实《中国青少年足球联赛赛事组织工作方案(2022—2024 年)》,各级教育部门会同体育部门、足球协会在确定中国青少年足球联赛赛历后,制定当地各类不同青少年赛事的竞赛日历,定期发布辖区内校园足球赛事活动目录,规范校园足球赛事。鼓励各级各类学校开展校际友谊比赛,积极参加校园足球四级联赛和中国青少年足球联赛,着力培养学生爱国主义、集体主义、顽强拼搏的精神。加强赛事监督与指导,排除安全风险隐患,保障学生身心健康和安全。

加强四级联赛组织。制定实施《全国青少年校园足球四级联赛组织工作规程》,明确各级联赛组织要求,压实各级教育行政部门主体责任,形成以中国青少年足球联赛为龙头,与中国青少年足球联赛相衔接的赛制稳定、层级分明、衔接紧密、安全有序的竞赛体系。

严格赛风赛纪。印发实施《全国青少年校园足球竞赛违规处理办法(试行)》,成立全国青少年校园足球纪律委员会,严防弄虚作假、球场暴力、消极比赛等违纪行为,将校园足球比赛作为培养学生规则意识和道德规范的有效途径。强化校园足球管理人员党风廉政建设,对腐败现象"零容忍",营造风清气正的校园足球发展环境。

(八)提升特色学校建设质量

加强特色学校区域统筹,调动中小学校参与创建的积极性,参照高中、初中、小学 1∶3∶6 的比例,优化对口升学布局,推动地区、城乡校园足球特色学校均衡发展。认真落实《全国青少年校园足球特色学校建设标准》要求,特色学校足球课时不低于体育课总课时数的 1/3,有一名专职足球教师或中国足协 D 级及以上资质的教练员,一块可供教学训练的足球场地,从严审核申报资质,确保遴选工作规范有序。加快建立常态化考核与退出机制。

(九)强化改革试验区创新能力

制定《全国青少年校园足球改革试验区建设标准》,健全省、市、区(县)有序衔接的校园足球改革试验区发展体系。改革试验区要将校园足球纳入地区经济社会发展规划和年度工作要点。在缺乏足球场地的中小学校、城乡社区加快建设一批足球场地,并建立学校和社区场地资源共享机制。改革试验区在加大专项资金投入、畅通人才成长通道、完善升学考试评价、推动特色学校俱乐部建设、强化运动伤害风险管理等方面形成政策突破与举措创新。积极鼓励校园足球改革试验区探索教练员共享机制,制定符合本地实际的足球教练员职称评定标准。在此基础上,着力打造一批群众基础好、创新能力强、建设水平高的全国青少年校园足球改革试点区。

(十)畅通校园足球人才成长通道

健全校园足球人才成长体系。建立小学、初中、高中、大学相互衔接的"一条龙"升学体系。完善校园足球人才招生政策,研究出台青少年球员在升学录取时跨学区合理流动政策;选取部分市县试点,允许小学生、初中生升学时随校队分别在县域内、市域内成建制流动。在部分地区中学试点组建足球特色班,允许试点学校在省域内招收具有足球特长的学生,对进入职业俱乐部梯队和一线队的高中生、大学生可保留学籍。有序扩大高校特别是"双一流"高校足球高水平运动队招生规模。明确新型足球学校的办学标准,支持符合条件的公办体育运动学校、中等职业学校转型为新型足球学校,建设成为九年一贯制学校或完全中学;支持新型足球学校面向西部地区招收具有足球特长的学生,研究论证"3+4"贯通培养机制,实现校园足球特色学校、新型足球学校、足球学院、职业俱乐部等培养路径衔接贯通,构建足球人才成长"立交桥"。

加快推进高校足球学院建设。研究设置足球运动专业并列入高校本科(专科)专业目录,支持和鼓励有条件的学校建设足球学院,以社会发展需求为导向,安排招生计划,稳步扩大招生指标。研究设立足球职业学院,推进足球教练员和教师的常态化培养。

构建科学客观公正的人才评价体系。研制校园足球学生综合评价指标体系,改进结果评价,强化过程评价,探索增值评价,健全综合评价。充分利用信息技术,建立健全校园足球人才电子档案及制度。强化竞赛数据支撑,创新竞赛数据采集方式方法,建立校园足球人才竞技水平量化标准。实现数据贯通、信息共享、成绩追溯,形成校园足球人才成长跟踪机制,为足球人才选拔培养提供依据和支撑。鼓励各地探索将长期参加中国青少年足球联赛等高水平足球赛事的学生给予体育中考满分。

(十一)推进校园女子足球发展

贯彻落实《中国女子足球改革发展方案(2022—2035年)》要求,创新发展模式、加快推广普及、提升竞技水平。在一线城市高校布局女子足球高水平运动队,增加招生名额。在激励机制、竞赛选拔、条件保障等方面给予女子足球运动员政策倾斜。

(十二)推进校园足球国际交流

将校园足球国际交流纳入中外友好城市交流项目以及中外校际交流项目等。选拔优秀足球教师、教练员、运动员赴足球发达国家和地区学习交流、训练竞赛,增加西部校园足球人才赴国外交流学习机会。鼓励各地聘请高水平外籍足球教练员开展校园足球师资培训。鼓励有条件地区举办国际性青少年足球赛事。

(十三)注重校园足球文化建设

举办丰富多彩的校园足球文化活动。鼓励各地积极开展校园足球运动会、文化节、展览展示、研讨论坛、文艺创作等特色活动,促进校园足球文化建设与中华优秀传统文化深度融合,展示地区和民族特色,打造校园足球文化名片。持续开展全国青少年校园足球夏令营活动,鼓励各省、市、区积极开展具有地域特色的校园足球夏令营活动。

(十四)促进西部地区校园足球发展

对西部地区校园足球发展予以政策倾斜,在师资培训、人才培养等方面加大支持力度。将足球教师培养纳入中西部欠发达地区优秀教师定向培养计划。制定西部地区志愿者、挂职教师支教计划和足球教师、教练员培训计划。加强西部地区青少年足球人才培养,鼓励和支持新型足球学校面向西部地区招生。每年有计划地遴选西部地区学生参加全国青少年校园足球夏令营等活动。在西部省份部分市(地)开展足球体教融合试点工作,推动校园足球创新蓬勃发展。

三、保障措施

(十五)加强足球师资队伍建设

建立健全师资培养体系。加强高校足球运动专业以及运动训练专业、体育教育专业中足球专项学生的培养力度,在招生规模、师资配备等方面予以政策扶持。加强专业能力培养,强化高校足球专项学生到中小学顶岗实习,提升实习质量。

不断完善师资培训体系。依托具备相应资质的单位开展校园足球教师培训、教练员等级培训。按区域布局分级分类开展校园足球骨干师资专项提升培训。

落实专兼职足球教练员岗位。畅通优秀教练员、运动员进入学校任教渠道。特色学校可根据实际需要,设立专兼职足球教练员岗位。

加强师德师风建设和待遇保障。高度重视校园足球师资师德师风建设,坚持政治引领,弘扬践行教育家精神,培育德才兼备、作风优良的校园足球师资队伍。体育教师或教练员开展校园足球教学训练竞赛等活动要计入工作量。保障体育教师或教练员在评优评先、工资待遇、职称评定、职务评聘等方面与其他学科教师享受同等待遇。

(十六)加强经费投入与场地设施建设

建立政府支持、市场参与、多方筹措的经费投入机制,支持校园足球发展。各级教育行政部门要加大政策保障力度,特色学校按规定统筹学校公用经费等相关经费渠道,支持开展足球教学、训练、竞赛等活动。稳步提高校园足球场地建设数量,完善足球场地配套设施。支持社会足球场地与具备条件的学校足球场地双向开放,提高场地利用效率。探索灵活管用的校园足球场地小型化、多样化使用方式,通过小场地比赛带动学生广泛参与足球活动。

(十七)完善校园足球运动意外伤害保险机制

健全政府、学校、家庭共同参与的学校体育运动伤害风险防范和处理机制,完善涵盖校园足球运动意外伤害的学生综合保险机制。鼓励改革试验区投入专项资金,做好校园足球运动意外伤害保障。

四、组织实施

(十八)加强组织领导

发挥全国青少年校园足球工作领导小组宏观指导、统筹协调和督查督导作用。教育部门履行好青少年校园足球主管责任,负责校园足球的统筹规划、综合管理和推进落实。体育部门发挥人才和资源优势,加强行业支持、技术指导和相关服务。发展改革部门对符合条件的场地设施建设予以支持。财政部门合理安排投入,积极支持相关部门开展校园足球工作。宣传部门加大宣传支持力度,统筹营造社会舆论氛围。共青团系统负责组织或参与开展校园足球文化活动。足球协会发挥专业技术作用,加大业务支持力度。

(十九)强化责任落实与考核评估

分年度分部门制定发展校园足球工作任务清单,加强过程监测和督办,分工负责推进校园足球发展。全国青少年校园足球工作领导小组每年开展工作总结评价,教育督导部门要将校园足球纳入教育督导指标体系,保障各项政策落地落实。

（二十）加大宣传引导

大力宣传校园足球发展理念、育人功能和价值导向，选树校园足球先进人物和典型做法，讲述校园足球好故事，传播校园足球好声音。加大校园足球赛事转播力度，鼓励拍摄校园足球题材影视作品，积极展示校园足球改革发展成效，引导更多的青少年喜爱足球活动、参与足球运动、享受足球乐趣。积极创作广大青少年喜闻乐见的足球文化作品，在全社会弘扬健康向上的校园足球文化，增强文化自信，营造社会、学校、家庭共同关心支持校园足球健康发展的良好氛围。

教育部　国家发展改革委　财政部

广电总局　体育总局

共青团中央　中国足协

2024 年 2 月 2 日

附录 4　全国青少年校园足球特色学校
创建指标体系

评审指标	主要观测点	评审内容与分值	分值分配	得分
组织领导 (10分)	落实国家政策,将校园足球纳入学校发展规划 (4分)	学校体育指导思想明确,重视学校体育和学生体质健康工作,把校园足球作为增强学生体质健康的重要举措(1分),将校园足球纳入学校发展规划和年度工作计划(1分),有校园足球发展目标及规划并符合学校实际(2分)	4	
	健全工作机制 (2分)	成立校园足球工作领导小组,由校长专人负责,学校其他机构共同参与(1分),领导小组成员分工明确(1分)	2	
	完善规章制度 (4分)	制定有校园足球工作招生、教学管理规章制度(1分)、课余训练和竞赛规章制度(1分)、运动安全防范措施与保障(1分)、师资培训规章制度(1分)	4	
条件保障 (27分)	体育师资队伍 (7分)	体育教师配备达到国家标准(2分),足球专项教师大于 4、3、2、1 人(含)以上(分别给 4、3、2 分),每年有一次以上培训机会(1分)	7	
	体育教师待遇 (4分)	体育教师开展体育教学和足球训练及活动计入工作量(2分),并保证在评优评比与工资待遇(1分)、职务评聘(1分)等方面享受同等待遇	4	
	场地设施建设 (10分)	场地设施、器械配备达到国家标准(3分),并建设有 11、7、5 人制的足球场地(分别给 5、4、3 分),能满足教学和课余足球训练需要,足球器材数量齐备、并有明确的补充机制(2分)	10	

续表

评审指标	主要观测点	评审内容与分值	分值分配	得分
条件保障 （27分）	体育经费投入 （6分）	设立有体育工作专项经费，每年生均体育经费不低于生均公用经费的10％（3分），能为学生购买有校方责任险（1分），并为学生新增购买运动意外伤害险（2分）	6	
教育教学 （27分）	教学理念 （4分）	深化学校体育改革，坚持健康第一，每学年《国家学生体质健康标准》测试率达到100％（2分），把足球作为立德树人的载体，积极推进素质教育，促进学生全面发展，健康成长，《国家学生体质健康标准》测试率优良率达到30％（2分）	4	
	体育课时 （9分）	开足开齐体育课（1—2年级每周4学时，3—6年级每周3学时，7—9年级每周3学时，9—12年级每周2学时）（3分），义务教育阶段把足球作为体育课必修内容（1分），每周每班不少于一节足球教学课（3分），高中阶段学校开设足球选修课（1分），每天安排有体育大课间活动（1分）	9	
	足球课程资源 （8分）	开发和编制有足球校本教材（3分），有详细的足球教学教案（2分），每周实施适合学生年龄特点的足球教学和课外活动3、2、1次（分别给3、2、1分）	8	
	校园足球文化 （6分）	每学年有4、3、2、1次足球主题校园文化活动（如摄影、绘画、征文、演讲等）（分别给4、3、2、1分），建立有校园足球信息平台（1分），动态报道足球活动、交流工作经验、展示特色成果（1分）	6	
训练与竞赛 （33分）	足球社团组织 （9分）	学校成立足球俱乐部或兴趣小组（3分），小学三年级以上建有班级代表队（1分）、年级代表队（1分），学校建有校级足球代表队男队（1分）、女队（1分），学生基本达到全员参与足球（2分）	9	

评审指标	主要观测点	评审内容与分值	分值分配	得分
训练与竞赛 (33分)	开展训练 (12分)	学校足球代表队和课外足球俱乐部制定有系统、科学的训练计划(2分),每周开展课余足球训练5、4、3、2次(分别给5、4、3、2分),并配备有安全、医疗等应急方案(1分),每学期邀请校外专业教练员提供技术指导不少于5、4、3、2次(分别给4、3、2、1分)	12	
	组织竞赛 (8分)	制订有足球竞赛制度(1分);每年组织校内足球班级联赛(2分),每个班级参与比赛场次每年不少于10、5场(分别给2、1分),积极参加区域内校园足球联赛(2分);承办本地足球比赛次(1分)	8	
	文化学习 (4分)	对学校足球代表队运动员参加训练、比赛,制定有具体的文化学习计划和要求(2分),其文化学习成绩达到同年级平均水平(2分)	4	
后备人才培养 (3分)	输送优秀学生运动员 (3分)	近年向上一级学校足球运动队输送优秀人才不少于3、2、1名(分别给3、2、1分)	3	
总得分				
一票否决	1.未能确保每周一节足球课 2.《国家学生体质健康标准》优良率连续两年下降 3.未开展校内班级联赛活动			

附录 5　全国青少年校园足球特色学校复核指标体系

评审指标	主要观测点	评审内容与分值	分值分配	得分
组织领导（10分）	落实国家政策，将校园足球纳入学校发展规划（4分）	学校体育指导思想明确，重视学校体育和学生体质健康工作，把校园足球作为增强学生体质健康的重要举措（1分），将校园足球纳入学校发展规划和年度工作计划（1分），有校园足球发展目标及规划并符合学校实际（2分）。	4	
	健全工作机制（2分）	成立校园足球工作领导小组，由校长专人负责，学校其他机构共同参与（1分），领导小组成员分工明确（1分）。	2	
	完善规章制度（4分）	制定有校园足球工作招生、教学管理规章制度（1分）、课余训练和竞赛规章制度（1分）、运动安全防范措施与保障（1分）、师资培训规章制度（1分）。	4	
条件保障（27分）	体育师资队伍（7分）	体育教师配备达到国家标准（2分），足球专项教师大于3、2、1人（含）以上（分别给4、3、2分），每年有一次以上培训机会（1分）。	7	
	体育教师待遇（4分）	体育教师开展体育教学和足球训练及活动计入工作量（2分），并保证在评优评比与工资待遇（1分）、职务评聘（1分）等方面享受同等待遇。	4	
	场地设施建设（10分）	场地设施、器械配备达到国家标准（3分），并建设有11、7、5人制的足球场地（分别给5、4、3分），能满足教学和课余足球训练需要，足球器材数量齐备、并有明确的补充机制（2分）。	10	

评审指标	主要观测点	评审内容与分值	分值分配	得分
条件保障 （27分）	体育经费投入 （6分）	设立有体育工作专项经费,每年生均体育经费不低于生均公用经费的10％（3分）,能为学生购买有校方责任险（1分）,并为学生新增购买运动意外伤害险（2分）。	6	
教育教学 （30分）	教学理念 （5分）	深化学校体育改革,坚持健康第一,每学年《国家学生体质健康标准》测试率达到100％（2分）,把足球作为立德树人的载体,积极推进素质教育（1分）,促进学生全面发展,健康成长,《国家学生体质健康标准》测试率优良率达到30％（2分）。	5	
	体育课时 （10分）	开足开齐体育课（1—2年级每周4学时,3—6年级每周3学时,7—9年级每周3学时,9—12年级每周2学时）（3分）,义务教育阶段把足球作为体育课必修内容（2分）,每周每班不少于一节足球教学课（3分）,高中阶段学校开设足球选修课（1分）,每天安排有体育大课间活动（1分）。	10	
	足球课程资源 （8分）	开发和编制有足球校本教材（3分）,有详细的足球教学教案（2分）,每周实施适合学生年龄特点的足球教学和课外活动3、2、1次（分别给3、2、1分）。	8	
	校园足球文化 （7分）	每学年有4、3、2、1次足球主题校园文化活动（如摄影、绘画、征文、演讲等）（分别给4、3、2、1分）,建立有校园足球信息平台（1分）,动态报道足球活动、交流工作经验、展示特色成果（2分）。	7	
训练与竞赛 （30分）	足球社团组织 （8分）	学校成立足球俱乐部或兴趣小组（2分）,小学三年级以上建有班级代表队（1分）、年级代表队（1分）,学校建有校级男足代表队（1分）、女队（1分）,学生基本达到全员参与足球（2分）。	8	

续表

评审指标	主要观测点	评审内容与分值	分值分配	得分
训练与竞赛（30分）	开展训练（10分）	学校足球代表队和课外足球俱乐部制定有系统、科学的训练计划（2分），每周开展课余足球训练4、3次（分别给3、2分），并配备有安全、医疗等应急方案（1分），每学期邀请校外专业教练员提供技术指导不少于5、4、3、2次（分别给4、3、2、1分）。	10	
	组织竞赛（8分）	制订有足球竞赛制度（1分）；每年组织校内足球班级联赛（2分），每个班级参与比赛场次每年不少于10、5场（分别给2、1分），积极参加区域内校园足球联赛（2分）；承办本地足球比赛次（1分）。	8	
	文化学习（4分）	对学校足球代表队运动员参加训练、比赛，制定有具体的文化学习计划和要求（2分），其文化学习成绩达到同年级平均水平（2分）。	4	
后备人才培养（3分）	输送优秀学生运动员（3分）	近年向上一级学校足球运动队输送优秀人才不少于3、2、1名（分别给3、2、1分）。	3	
总得分				
一票否决	1.未能确保每周一节足球课 2.《国家学生体质健康标准》优良率连续两年下降 3.未开展校内班级联赛活动